尘中莲花

汉唐釉陶文化研究

吴健 何飞 主编

科学出版社

北京

图书在版编目（CIP）数据

尘中莲花：汉唐釉陶文化研究/吴健，何飞主编.—北京：科学出版社，2024.4
ISBN 978-7-03-078198-7

Ⅰ.①尘… Ⅱ.①吴… ②何… Ⅲ.①釉陶－中国－汉代-唐代－图录
Ⅳ.①K876.32

中国国家版本馆CIP数据核字（2024）第056025号

责任编辑：张亚娜　张睿洋／责任校对：张亚丹
责任印制：肖　兴／书籍设计：北京美光设计制版有限公司

科学出版社 出版
北京东黄城根北街16号
邮政编码：100717
http://www.sciencep.com
北京汇瑞嘉合文化发展有限公司 印刷
科学出版社发行　各地新华书店经销

＊

2024年4月第　一　版　开本：889×1194　1/16
2024年4月第一次印刷　印张：15

字数：432 000

定价：226.00元
（如有印装质量问题，我社负责调换）

序

　　釉陶是指在陶器表面施以低温铅釉的陶器，以铅的化合物作为助熔剂，在800℃左右的环境中烧成。它是横亘在两千年前丝绸之路上的一朵奇葩，对丝路沿线国家的工艺史、陶瓷史都曾产生过重要影响。

　　至少在战国晚期铅釉陶器已经在我国出现，铅釉这一工艺技术对汉魏至隋唐及后世都有着重要的意义，并成为中国古代文化的重要组成部分。该技术影响了唐代及以后的低温釉彩，如唐三彩、宋三彩、明三彩等各种低温色釉的发展；同时还对元代以后发展起来的各种釉上彩瓷，如五彩、斗彩、粉彩等产生深远的影响。铅釉陶器在陶器表面施釉，使得器物本身有了类似瓷器的华彩，还使器物有了更丰富的装饰纹样。其表现出的云气山峦、羽人驾龙、骑射狩猎等多种多样的纹饰，是古人神化自然、崇尚射猎、阴阳五行、祈求吉祥等思想的反映。

　　郑州大象陶瓷博物馆收藏历代陶瓷三千余件，以元代以前中原地区古陶瓷为主，品种全、器类多，且自成系列，基本上涵盖了我国北方地区著名陶瓷窑口的产品，再现了中原古代陶瓷业的繁盛景象。自2007年开馆以来，常年免费对外开放，定期更新展览，经常举办相关学术研讨活动。2019年以来，郑州大象陶瓷博物馆先后与信阳博物馆、长沙简牍博物馆、三门峡市博物馆联合举办了"丝情瓷语共茶香——唐宋茶器展""砖雕里的宋金社会"等展览，参与山西博物院"陶冶三晋——山西古代陶瓷特展"，获得了社会各界好评。2020年12月获评国家二级博物馆。

　　杭州市萧山跨湖桥遗址博物馆（以下简称"跨湖桥遗址博物馆"）地处杭州钱塘江南岸，是一座综合反映跨湖桥遗址考古发掘和研究成果的专题类博物馆，与余姚市河姆渡遗址博物馆、良渚博物院一同被称为浙江三大史前遗址博物馆。跨湖桥遗址属新石器中早期，年代距今约8200～7000年，是长江下游重要的史前遗址，经1990年、2001年和2002年三次考古发掘，出土了大量珍贵文物，有迄今为止世界上最早的独木舟、最早的漆弓等。2004年12月，遗址因丰富的价值内涵和独特的文化面貌，被命名为跨湖桥文化。

跨湖桥遗址出土的陶器主要有夹砂陶、夹炭陶，另外还有少量夹蚌陶，从不同器物形态选用不同陶质、胎泥的选择具有针对性到不同功能的器物胎质不同这些特质，都说明跨湖桥人制作陶器的经验非常丰富。有许多内外黑亮和外红内黑的罐、豆、盆、钵等器物，造型规整，极其精美。其中一件黑光陶罐口沿处有七道规整的平行弦纹，结合遗址出土的一件木质陶轮底座，这就相互印证跨湖桥遗址不仅出现了中国最早的黑光陶，而且跨湖桥人还掌握了最早的慢轮修整技术。这就把萧山烧造古陶瓷的历史提前到了八千年前的跨湖桥文化时期，同时也为萧山成为我国古陶瓷的发源地之一提供了有力的证据。

　　自2009年10月建成开放以来，跨湖桥遗址博物馆始终围绕以"科技保护为基点、宣传教育为起点、学术研究为重点、陈列展览为亮点"的工作思路，立足史前遗址特色，以开拓创新为理念，取得了很好的社会效益。基本陈列是跨湖桥文化宣传的灵魂，引进展览是博物馆的活力源泉。遗址博物馆以史前遗址为主题，以传播文化亮点为宗旨，积极整合资源，先后引进观众喜欢的展览80多个。此次"尘中莲花——丝绸之路汉唐釉陶展"的引进，是落实习近平总书记"让文物活起来"及"一带一路"倡议的具体实践，也是凸显跨湖桥早期陶器特色、宣扬璀璨古陶瓷文化的又一举措，同时也是一次国有博物馆和非国有博物馆通力协作的优秀案例。展览以优化资源配置、丰富传播渠道、加强馆际交流、实现文物资源共享为目的，以高质量展览供给增强观众的文化获得感，丰富人们的精神世界，让中国人民乃至世界人民了解釉陶文化、丝路文化。

　　文物是具有历史、艺术、科学三方面价值的重要代表性实物，承载着灿烂文明、传承着历史文化、维系着民族精神，是增强文化自信的重要资源。博物馆作为以教育、研究和欣赏为目的，收藏、保护并向公众展示人类活动和自然环境的公共文化机构，必须承担起实证阐释历史、引导价值取向、培育审美情趣的社会责任。

杭州市萧山跨湖桥遗址博物馆馆长、研究馆员　吴健

2024年1月18日

目 录

前言

　　铅釉艺术是横亘两千多年的丝绸之路上的一朵奇葩，对丝路沿线国家的工艺史、陶瓷史都曾产生过重要影响。

　　至少在战国晚期铅釉陶器已经在我国出现，铅釉这一工艺技术对汉魏至隋唐及后世都有着重要的意义，并成为中国古代文化的重要组成部分。在陶器表面施釉，使得器物本身有了类似瓷器的华彩，还使器物有了更丰富的装饰纹样。其表现出的云气山峦、羽人驾龙、骑射狩猎等多种多样的纹饰，是古人神化自然、崇尚射猎、阴阳五行、祈求吉祥等思想的反映。

　　汉代北方地区用低温烧制出了质朴、自然、色彩艳丽的釉陶器物及人物、动物俑，并且釉面达到了变化万千的构思及美的艺术格调，其工艺水准令后世赞叹。从出土的铅釉陶器可以看出，当时的人们已经注意到了釉色深浅、冷暖和纯度的对比。这种以铅作助熔剂，以铜、铁为着色剂的工艺方法，影响了琉璃建筑构件及其他琉璃制品的发展，也影响了唐代及以后的低温釉彩，如唐三彩、宋三彩、明三彩等各种低温色釉的发展，同时还对元代以后发展起来的各种釉上彩瓷，如五彩、斗彩、粉彩等产生深远的影响。

　　郑州大象陶瓷博物馆整理并展出了本馆收藏的由汉魏至隋唐的部分藏品，再现这一历史阶段的铅釉陶器物、人物、动物的风采。以期与国内外广大学者和博物馆界同仁，共同推动对这一民族历史瑰宝的研习与传承。

第一章

萌芽与发展

先秦两汉

第一节 概念与起源

　　釉是指一种经过一定温度烧制、均匀地熔融在黏土制品表面的一层很薄的玻璃体物质。它具有玻璃所固有的一切物理化学性质：光滑平整，硬度大，能够抵抗酸碱的腐蚀，对液体和气体均呈不渗透性。铅釉是指在釉的成分中加入铅的氧化物，利用铅的氧化物作为助熔剂，与二氧化硅作用形成硅酸铅玻璃体，从而降低釉的熔融温度，使得釉色晶莹明亮，形成呈色鲜艳的低温釉。

　　一些学者认为我国铅釉陶器是受了地中海沿岸罗马帝国范围内的埃及绿釉、褐釉陶器的影响。然而据考古资料和化学分析证明，中国铅釉陶器和地中海地区的铅釉陶器没有任何联系。

　　我国古代生产金属铅的历史起源很早，在商周时代，工艺匠师们就对铅的冶炼及使用积累了丰富的经验。古代劳动人民在冶炼和使用铅的长期实践中，把铅与砂、黏土、草木灰等含二氧化硅的物质混合，进行高温化学反应，逐渐掌握铅玻璃物质的形成规律及其特性，并且最终把它应用到陶器上，这就促使了铅釉陶的发明。

　　汉朝丝绸之路是中国历史上最具象征意义的贸易之路之一，连接了古代中国与世界多地的商贸往来，也传播了汉朝的文化和思想。这条贸易之路对中国与世界贸易、经济和文化交流产生了深远的影响。丝绸之路成为中国与世界贸易的纽带。随着时间的推移，中国的丝绸和其他商品——茶叶、瓷器、药材和玻璃器成为贸易的主要物品。同时，丝绸之路也成了文化交流的平台，汉朝的思想、文化、宗教、艺术和建筑风格随着贸易的发展传播到了世界各地。

褐釉画彩方壶

汉（前202～220）

陶

高36厘米，口径10.5厘米

绿釉盘口龙纹壶

汉（前202～220）

陶

高30.5厘米，口径13厘米

绿釉铺首壶（带盖）

汉（前202～220）

陶

高42厘米，口径17厘米

绿釉双系方形壶

汉（前202～220）

陶

高16厘米，口径5.5厘米

绿釉投壶

汉（前202～220）

陶

高28厘米，口径6.5厘米

绿釉鼎（带盖）

汉（前202～220）

陶

高19厘米，口径16.5厘米

褐釉附耳鼎（带盖）

汉（前202～220）
陶
高19厘米，口径15.5厘米

绿釉尊（带盖）

汉（前202～220）

陶

高25厘米，口径20厘米

褐釉三足罐

汉（前202～220）

陶

高15厘米，口径7厘米

绿釉折沿盆

汉（前202～220）

陶

高7.5厘米，口径31厘米

黄釉耳杯

汉（前202～220）

陶

高5厘米，口径12.5厘米

铅釉陶出现的初期，品种和数量很少。早期分布在陕西关中地区。汉宣帝之后，铅釉的生产获得了迅速的发展，扩展到了北起黄河、南达江南、东到山东、西至甘肃的广大地域。

汉朝建立以后，统治者采取了休养生息的政策，使社会生产得到了恢复和发展，制陶业进入了一个全面发展的崭新阶段，汉代的工匠们已经能够很好地掌握铅釉的使用方法，并且将它应用到陶器上。汉代之前，陶器的主要审美特征比较一致，它多数显示出淳厚古拙、素雅沉静的风格，但是在彩色铅釉发明之后，器物出现了华美、明快、绚丽的风格特点，在陶器世界里形成了两种艺术风格、艺术情调，它们之间相辅相成，相互交融，互相影响，构成了多彩的釉陶艺术传统。

东汉时期，铅釉的技术更加发达，铅釉陶工艺制品更加流行。东汉铅釉陶的釉色有黄、绿、褐等，以绿色居多，器型也多种多样。从陕西和河南地区发现的釉陶来看，铅釉陶的烧造工艺日趋成熟。

绿釉俑

汉（前202～220）

陶

高27.5厘米

褐黄釉劳作俑

汉（前202～220）
陶
高31厘米

褐黄釉俑

汉（前202～220）

陶

高25厘米

褐釉骑马俑

汉（前202～220）

陶

高18厘米，长17.5厘米

褐釉劳作俑

汉（前202～220）

陶

高20厘米

褐黄釉狗

汉（前202～220）

陶

高38厘米，长37厘米

绿釉狗

汉（前202～220）

陶

高22厘米，长26.5厘米

褐黄釉戴胜鸟

汉（前202～220）

陶

高17厘米

褐釉鸮尊

汉（前202～220）
陶
高16厘米

褐釉鸮尊

汉（前202～220）

陶

高16厘米

褐釉卧牛

汉（前202～220）

陶

高11.5厘米，长18厘米

褐黄釉牛

汉（前202～220）

陶

高18厘米，长31厘米

黄釉俑

汉（前202～220）

陶

高10厘米

黄釉卧牛

汉（前202～220）

陶

高6厘米，长17.5厘米

绿釉方形鸭圈

汉（前202～220）

陶

高12厘米，长24.5厘米

绿釉鸡圈

汉（前202～220）

陶

高16.5厘米，长23厘米

汉代铅釉陶艺术是中国实现大一统之后第一个文化高潮的产物。汉代铅釉的釉色比较复杂，大致可分为绿色和褐色两个色系。

有的铅釉陶器表面会出现一层银白色的光亮层，有人误称为"银釉"，其实是绿釉表面的沉积物引起的。铅的离子以金属铅的形式析出到了釉的表层，形成了银灰色的薄膜。这些沉积物能发出银色光泽，层次越多银光越强越亮。

汉代的铅釉陶多是用于随葬的明器，因为低温烧制的原因，胎质疏松，难免会渗水，供日常生活用的不多。根据考古资料统计，公元前2世纪至公元前1世纪的武帝至宣帝期间，釉陶产量仍然不多。大约在汉宣帝以后，铅釉技术开始获得比较快的发展。到了西汉晚期铅釉的使用普及到了北方黄河流域的各个地区，南方地区则到了东汉时期才开始使用铅釉工艺。

汉代铅釉陶施釉的单纯性是其主要特点之一，一件器物只施一种釉，很少有一件器物上出现两种以上釉，其原因一方面是色釉品种有限，还难以激发人们驾驭色釉、探索多彩对比魅力的兴趣，另一方面与当时质朴的民风也有关系。学术界传统观点认为，多色铅釉装饰始自南北朝时期。

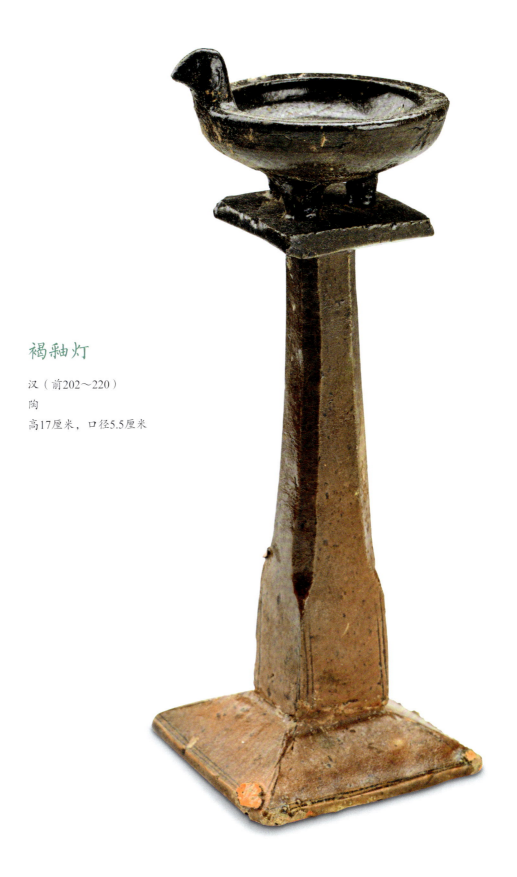

褐釉灯

汉（前202～220）

陶

高17厘米，口径5.5厘米

绿釉博山炉

汉（前202～220）

陶

高23厘米，口径8.5厘米

绿釉百花灯

汉（前202~220）

陶

高52厘米，底径20.5厘米

绿釉灶

汉（前202～220）

陶

高18厘米，长30.8厘米

绿釉长方形烤炉

汉（前202～220）

陶

高8厘米，口径21厘米

黄釉彩绘粮仓（带盖）

汉（前202～220）

陶

高33厘米，口径7.5厘米

黄绿釉彩绘龙凤纹粮仓

汉（前202～220）
陶
高24厘米，口径5.5厘米

绿釉陶水榭

汉（前202～220）
陶
高48厘米

褐釉阙

汉（前202～220）

陶

高27厘米

绿釉井

汉（前202～220）

陶

高20厘米，口径13.5厘米

第二章

转型与嬗变

魏晋南北朝

　　魏晋南北朝是中国封建社会大动荡的时期，战乱迫使中原百姓四处迁徙。在这种情况下，中原百姓就把先进的生产方式带到了边远地区，在推动边远地区手工业发展的同时，也在一定的程度上带动和活跃了这些地区的经济，并在全国范围出现了民族大融合的形势。长江流域的社会经济在这个时期赶上了黄河流域，封建社会的经济基础大大扩展，手工业的发展出现了新的局面。这一时期，除了瓷器在日常生活中的广泛使用外，大量金属器皿走入了人们的生活，釉陶生产逐渐不为人们所重视，所以制陶业呈现衰落局面。这一时期虽然铅釉陶器在一些地区还在生产，但在工艺、造型上都没有新的突破。

褐釉三系罐

西晋（266～317）

陶

高11.5厘米，口径7厘米

褐釉四系罐

西晋（266～317）.

陶

高7.5厘米，口径3.1厘米

黄釉坐俑

西晋（266～317）

陶

高6厘米

黄釉男跽坐俑

西晋（266～317）

陶

高6厘米

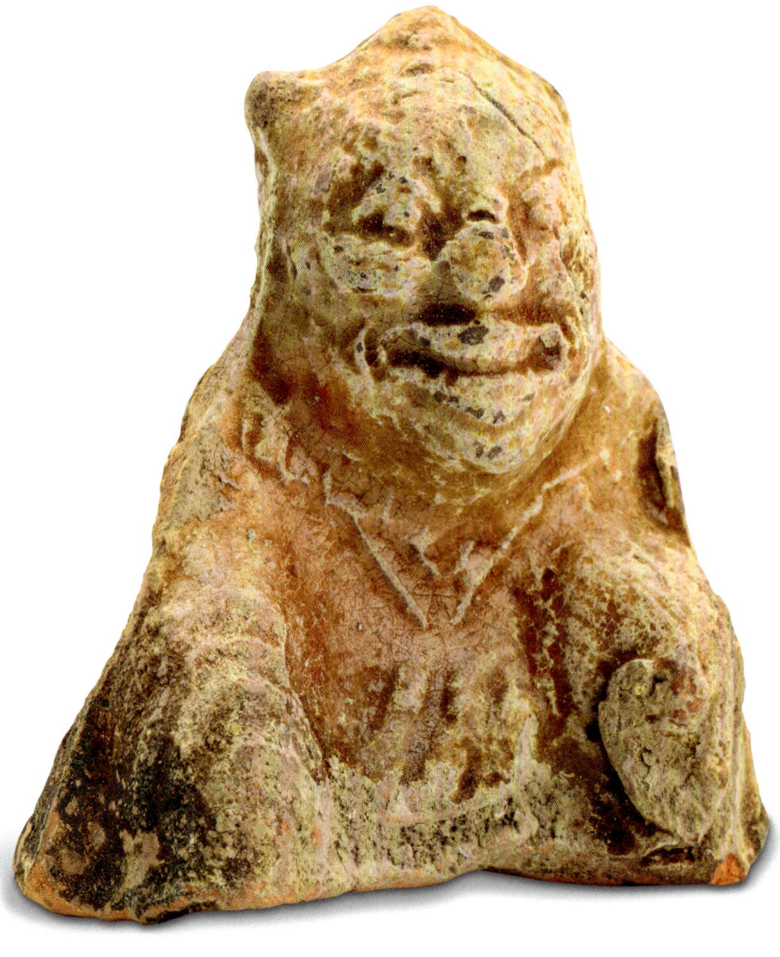

黄釉男踞坐俑

西晋（266~317）

陶

高6厘米

黄釉男踞坐俑

西晋（266~317）

陶

高6厘米

黄釉骑马男俑

西晋（266~317）
陶
高11厘米

黄釉骑马男俑

西晋（266～317）
陶
高10厘米

褐釉人物俑

十六国（304～439）

陶

高67厘米

褐釉獬豸

十六国（304～439）

陶

高27厘米，长42厘米

褐釉骑马武士俑

十六国（304～439）

陶

高39厘米，长32.5厘米

褐釉骑马武士俑

十六国（304～439）

陶

高39.5厘米，长35厘米

褐釉甲马俑

十六国（304～439）

陶

高37厘米，长38厘米

褐釉甲马俑

十六国（304～439）

陶

高34厘米，长41厘米

褐釉粮仓

十六国（304～439）

陶

高20厘米，底径13厘米

北魏建立以后，低温铅釉陶继续在北方盛行。到了北齐时期，铅釉陶的制作更加精细。这一时期的低温铅釉陶在制作工艺和施釉方法上和汉代相比又有了更进一步的提高，铅釉陶的花色品种日益增多，釉色也较以前丰富，釉色晶莹明亮，呈现出一种崭新的面貌。在施釉方法上，出现了两种或两种以上彩釉共施一器的做法，从出土的实物来看，有些在黄地上加绿彩；有的在白地上加绿彩；还有些是黄、绿、褐三色并用。从汉代单色釉向北朝时期多色釉的迈进，标志着陶瓷施釉技术和审美观念的大发展。当时着色已经开始注意到了深浅对比、冷暖对比、纯度对比，注意到了釉彩自然的生动意趣，这就在客观上为后世生机勃勃、绚烂华贵的三彩铅釉陶的出现奠定了基础。

褐釉莲花尊

北朝（439～581）

陶

高57厘米，口径18.5厘米

褐釉尖底三孔器

北朝（439～581）

陶

高24厘米，口径3.7厘米

褐釉长颈瓶

北朝（439～581）

陶

高13.5厘米，口径4.3厘米

褐釉罐

北朝（439～581）

陶

高21厘米，口径11厘米

褐釉盘口壶

北朝（439～581）

陶

高11厘米，口径10厘米

三彩长颈瓶

北朝（439～581）

陶

高17.5厘米，口径5.5厘米

三彩腹系罐

北朝（439～581）

陶

高16.5厘米，口径5.3厘米

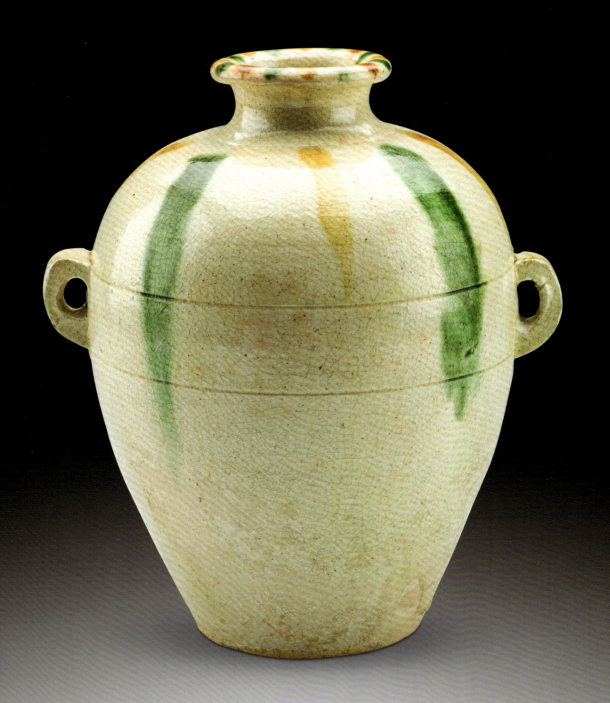

三彩罐

北朝（439～581）

陶

高17.5厘米，口径7厘米

黄白釉覆莲四系罐

北朝（439～581）

陶

高21厘米，口径10厘米

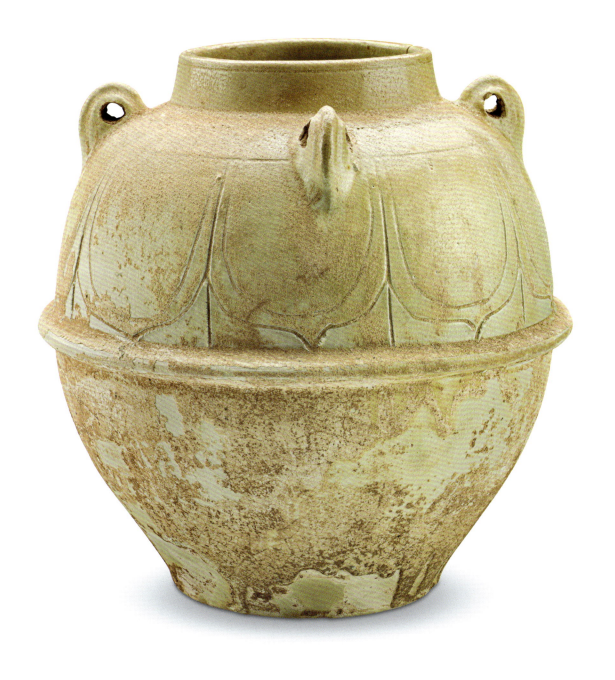

黄釉高足盘

北朝（439~581）

陶

高15厘米，口径39厘米

黄绿釉碗

北朝（439～581）

陶

高4.4厘米，口径10.7厘米

黄绿釉砚

北朝（439～581）

陶

高4厘米，长6厘米

黄绿釉盒

北朝（439～581）

陶

高3厘米，口径6厘米

黄釉镂空熏炉

北朝（439～581）

陶

高8厘米，口径3.5厘米

黄釉卧羊

北朝（439～581）

陶

高13厘米，长19厘米

黄釉卧羊

北朝（439~581）

陶

高11厘米，长18厘米

黄釉彩绘鸽

北朝（439～581）

陶

高7厘米，长16厘米

第三章

传承与巅峰

隋唐时期

　　隋朝只有20余年的历史，在铅釉陶的发展中起到了承前启后的作用。唐朝政治开明，社会稳定，百姓安居乐业，社会经济得到了空前的发展，社会生产力也得到了极大的解放。唐朝实行对外开放的政策，加强与世界上其他国家的经济和文化交流，既让唐朝文化得以传播世界，又吸收了外来的优秀文化，为唐朝文化注入了新的活力。著名的丝绸之路就是以长安为中心，通过陆路和水路将世界各国与大唐紧密联系在一起，促进了文化的大融合。对外关系的加强，也使得唐三彩有了广阔的海外市场。

　　三彩器物是铅釉工艺发展的巅峰之作。所谓三彩，并不限指三种釉色，而是多彩的意思。当时铅釉的釉彩已经有了褐、黄、绿、蓝、紫、黑、白等多种颜色。唐三彩最大的特色，就是它充分发挥了低温铅釉熔点低、流动性强等性能，形成了绚丽多彩、鲜艳夺目的釉色。

褐釉人物俑

隋（581～618）

陶

高29.3厘米

褐釉人物俑

隋（581～618）

陶

高27.3厘米

黄釉披风男俑

隋（581～618）

陶

高19厘米

黄釉披风男俑

隋（581～618）
陶
高19.3厘米

青黄釉人身鸟首俑

隋（581~618）

陶

高18厘米

青黄釉双首狮俑

隋（581～618）

陶

高19.5厘米

蓝釉束腰杯

唐（618～907）

陶

高5.5厘米，口径8.4厘米

三彩钟形杯

唐（618～907）

陶

高6.3厘米，口径7厘米

三彩束腰环柄杯

唐（618～907）

陶

高6.3厘米，口径7.6厘米

三彩鱼形花口杯

唐（618～907）

陶

高8.5厘米，长13.5厘米

三彩莲花形杯

唐（618～907）

陶

高3.5厘米，口径11.5厘米

三彩宝相花穿带壶

唐（618～907）

陶

高21厘米，口径6厘米

三彩盘口壶

唐（618～907）

陶

高11.3厘米，口径7厘米

三彩贴宝相花扁壶

唐（618～907）

陶

高17厘米，口径6.5厘米

黄釉穿带瓶

唐（618～907）

陶

高28厘米，口径7厘米

黄釉绞胎三足盘

唐（618~907）

陶

高3厘米，口径13厘米

黄釉绞胎碗

唐（618～907）

陶

高4.8厘米，口径10.8厘米

唐三彩从唐初开始烧造，其间经过了初创时期、鼎盛时期和衰退时期三个历史阶段，这三个阶段与通常划分的唐代三个重要历史时期即初唐、盛唐、晚唐大致相同。

7世纪初到8世纪，即武德年间至武则天执政以前，是唐三彩的初创时期。其间制作的多为单一色釉而不是色彩斑斓的三彩陶器，品种较为单一。

第二阶段是武则天时期到唐玄宗统治时期，即公元8世纪初到8世纪中叶，这一阶段包括了开元天宝和整个盛唐时期。随着唐朝国力的强盛，唐三彩烧制也随之进入鼎盛时期，烧制数量之多，质量之精，这一时期代表了唐三彩烧造的最高水平。

8世纪中叶到10世纪初，"安史之乱"的出现导致了唐王朝政权的动荡，政治经济严重衰退，唐三彩的制作也随之进入了衰退期。典章制度和厚葬之风一去不复返，唐三彩的烧造已成了强弩之末。虽然还有后代的宋三彩、辽三彩和金三彩等，这些铅釉陶的生产无论是规模还是品种都不能和唐代相提并论了。

唐三彩工艺继承和吸收了以往单彩器和双彩器的方法，但又与之完全不同。它是将几种颜色的釉彩同施于一件器物上，釉色之间的组合比单色釉和双色釉更加丰富多彩。例如当时所谓的"散点作彩法""图案作画法""腊缬染色法""贴花法"均在三彩釉陶上有所应用。铅釉的内在魅力得到了充分的发挥。

铅釉的外观效果虽然不错，但是限于材料的性质和当时工艺水平的制约，有两个问题是难以解决的，一是釉的熔融温度与胎体的烧结度不能同步，相距很大，坯釉中间层无法生成，釉层处于裂纹状态，渗水缺陷难以克服；二是铅的溶出问题，用于日常生活会引起慢性中毒。这两个问题的存在，极大地影响了铅釉陶日常功能的开拓。

三彩经幢（佛顶尊胜陀罗尼经）

唐（681～907）

陶

高43厘米，底径11厘米

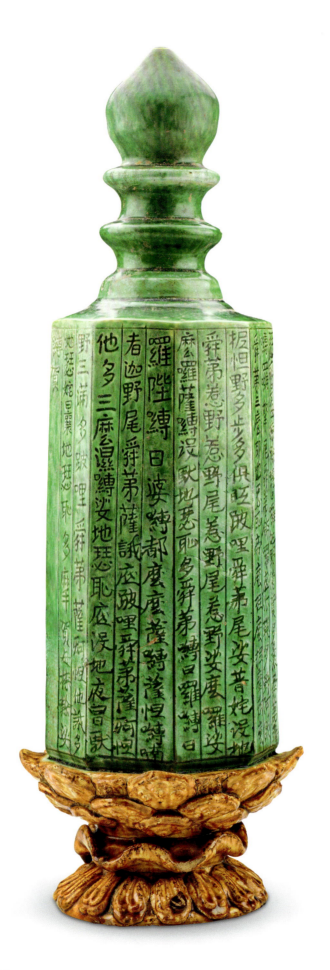

三彩贴花人物樽

唐（618～907）

陶

高18.5厘米，口径16.5厘米

三彩鼓钉提篮罐

唐（618～907）

陶

高17厘米，口径14.5厘米

三彩多足炉

唐（618～907）

陶

高11厘米，口径17厘米

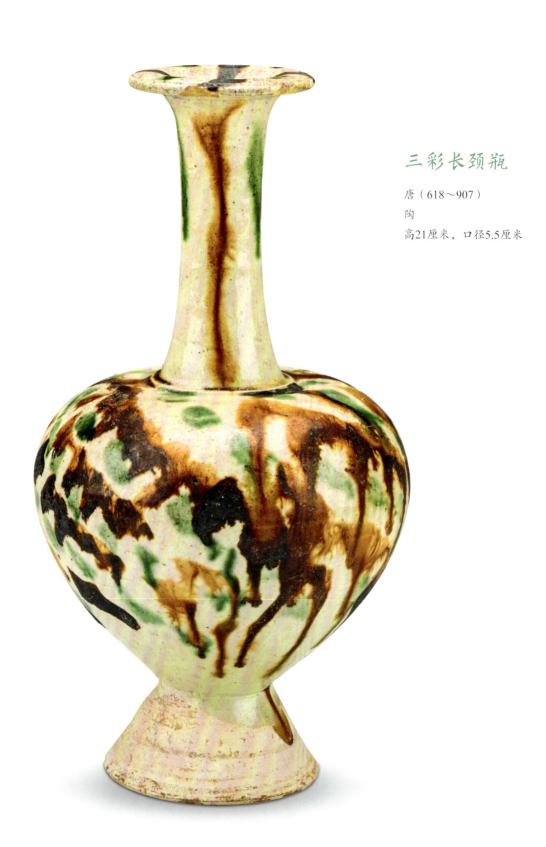

三彩长颈瓶

唐（618～907）
陶
高21厘米，口径5.5厘米

三彩盘口瓶

唐（618～907）

陶

高22厘米，口径6厘米

黄釉绞胎罐

唐（618～907）

陶

高10厘米，口径6厘米

三彩七星盘

唐（618～907）

陶

高4厘米，口径25厘米

三彩双龙瓶

唐（618～907）
陶
高29厘米，口径7厘米

黄釉双龙瓶

唐（618～907）

陶

高33厘米，口径9厘米

三彩魁头

唐（618～907）
陶
高7厘米，长38厘米

随着唐三彩釉陶技术的成熟，铅釉工艺开始被大量地运用在建筑上，主要是建筑陶胎琉璃的生产。琉璃釉色增加了蓝、黄、赭、白等色。明代顾起元在他的《客座赞语说略》中提到"唐末尚琉璃钗钏"。在陕西铜川黄堡窑有三彩龙头套饰、滴水、琉璃瓦，琉璃瓦在唐代称为碧瓦，唐大明宫遗址屡见。此外，在洛阳、开封等地的唐宋遗址也发现了大量的琉璃建筑制品。

中国铅釉技术主要通过丝绸之路传播到周边国家。特别是唐三彩的对外输出，使得中国的铅釉工艺对丝路沿线国家的釉陶工艺产生了极大的影响。从8世纪开始，西亚地区受我国三彩技术的影响，烧出了带有伊斯兰风格的铅釉陶，即"波斯三彩"。

朝鲜是最早输入中国陶瓷的国家。唐三彩输入朝鲜以后，出现了仿烧唐三彩的铅釉陶器，即所谓的"新罗三彩"。

据史料记载，在唐三彩器物传入日本的同时，中国的陶工也去日本传播了陶艺。唐三彩传到日本后，当地的陶瓷工匠就研究唐三彩的制法，使用与唐三彩基本相同的工艺，烧成了在造型和釉色方面都酷似唐三彩的一种铅釉陶器，称为"奈良三彩"。奈良三彩烧制时间不长，9世纪时，中国唐三彩不再流行，日本也停止了奈良三彩的生产。

黄釉骑马俑

唐（618～907）

陶

高28厘米，长23.5厘米

黄釉骑马俑

唐（618～907）

陶

高30厘米，长22.5厘米

三彩武士俑

唐（618～907）

陶

高43.5厘米

三彩持鸟俑

唐（618～907）

陶

高32.5厘米

绿釉女俑

唐（618～907）

陶

高25.6厘米

绿釉女俑

唐（618～907）

陶

高25.2厘米

黄釉侏儒俑

唐（618～907）

陶

高13.2厘米

绿釉侏儒俑

唐（618～907）

陶

高18厘米

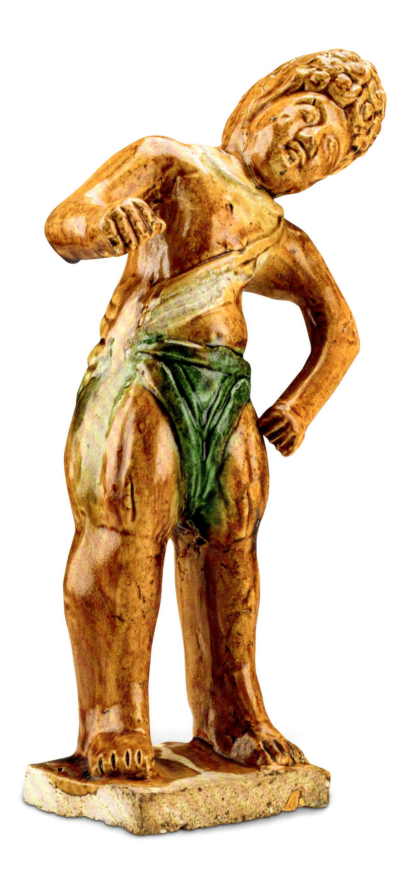

三彩胡人俑

唐（618～907）
陶
高24厘米

黄釉舞俑

唐（618～907）
陶
高25厘米

三彩女俑

唐（618～907）

陶

高31厘米

黄釉持鸟俑

唐（618～907）

陶

高25.5厘米

三彩生肖俑（马）

唐（618～907）

陶

高22厘米

三彩祖明（镇墓兽）

唐（618～907）

陶

高36厘米

三彩地轴（镇墓兽）

唐（618～907）
陶
高37厘米

三彩骆驼

唐（618～907）

陶

高51厘米，长38厘米

三彩马

唐（618~907）

陶

高53厘米，长52.3厘米

黄釉猪

唐（618～907）

陶

高14厘米，长21厘米

三彩羊

唐（618～907）

陶

高13厘米，长20厘米

三彩鸡

唐（618～907）

陶

高17厘米，长13.5厘米

三彩鸡

唐（618～907）

陶

高17厘米，长13.5厘米

三彩鸭

唐（618～907）

陶

高13厘米，长17厘米

褐釉卧驼

唐（618~907）
陶
高27厘米，长36厘米

附录

关于唐代以前釉陶的几点思考

刘毅

釉陶是中国古代重要的陶瓷品种，自西汉开始基本连续不断，在北方地区一些特定时空范围内甚至比同期的瓷器还要多见。本文是对战国至北朝时期釉陶发展过程中有关问题的一些不很成熟的认识。

一、关于中国釉陶的起源

关于中国古代釉陶的起源时间，20世纪80年代以后的30年间学术界基本一致的认识是在西汉中期（始于武帝）。根据当时已知考古资料，王仲殊先生认为中国釉陶"开始出现，是在西汉的中后期"[1]，主要发现于陕西关中和河南洛阳一带的墓葬中。李知宴先生提出，釉陶始于汉武帝在位（前140～前87年）前期（即公元前2世纪中叶）的关中地区，宣帝、元帝及其之后数量和种类都有明显的增多[2]。后来整理刊印的北京大学考古专业20世纪70年代初编著的《战国秦汉考古》讲义认为："大约在公元前1世纪初，关中地区发明了陶器施釉技术。目前发现年代最早的釉陶器，是在西安地区发现的。"[3]1978年前后，在组织编写《中国陶瓷史》（文物出版社1982年出版）需要厘清古代陶瓷器发展脉络等学术背景下，研究者们对于当时已基本形成共识的"原始瓷器"和"釉陶"做出了清晰的概念区分，对于中国古代釉陶内涵的认识也因之趋于统一。

关于中国釉陶技术的来源，曾经有过一定程度上的不同认识。世界公认最早的低温釉起源

---

[1] 王仲殊：《汉代考古学概说》，中华书局，1984年，第77页。

[2] 李知宴：《汉代釉陶的起源和特点》，《考古与文物》1984年第2期。

[3] 苏秉琦：《中国考古学·中·战国秦汉考古》，上海古籍出版社，2014年，第116页。

于公元前2000年前后的古埃及，属于碱金属硅酸釉，混入铅的化合物质可使其容易熔化，后传到两河流域；因而有研究者认为西汉釉陶可能有来自西亚的影响。叶喆民先生曾经认为："铅釉起源于古代的埃及，传说是在汉朝时经由西域传来我国的。"[4]20世纪80年代以后，也有一些研究者认为中国铅釉是在自身具备基础条件下，也受到来自西域低温釉彩制作技术的一定影响而产生的[5]。但有更多的研究者认为，汉代釉陶与商周料器技术一脉相承，与外来影响无关。其核心论点是：中国古代铅釉陶在器物装饰和釉料配方两方面同古埃及、两河流域的釉陶有着明显的不同，特别是釉料的成分存在很大差异，古埃及釉陶料中含锰的化学成分多，它们以及地中海沿岸地区出土的玻璃器属于$Na_2O-CaO-SiO_2$系统；而汉代铅釉陶则不含锰的成分，它们和中国商周以来的玻璃料器同属于$PbO-BaO-SiO_2$系统，二者发展序列不同，因此汉代铅釉陶器是独立发展起来的[6]。商周时期先民已经熟练掌握了铅的冶炼技术，并因此制造出不少琉璃器。在陕西宝鸡茹家庄、扶风北吕，河南洛阳、三门峡上村岭，山东曲阜等地西周到战国时期的遗址或墓葬中，出土过不少玻璃片、管、珠、环、璧等。测试发现，它们的主要成分除氧化硅外，还含有大量的氧化铅，与汉代低温铅釉的化学成分，特别是其中硅铅的含量十分相近。这说明我国商周时期已经具备了铅釉配方的基本技术条件，存在着将其应用于陶器装饰的可能性。也就是说，我国釉陶的起源是对玻璃料器的形成规律及其特性有了认识之后，把玻璃物质应用于陶器表面，由此发明了铅釉[7]。关于这一推论，20年后江苏无锡鸿山战国早期越墓出土的一些随葬品提供了重要佐证。2003～2004年，南京博物院考古所在无锡市锡山区鸿山镇相继发掘了7座战国早期的越国贵族墓葬，其中邱承墩（土墩墓）规模最大，被定为"特大型墓"[8]，该墓中出土了2件"琉璃釉盘蛇玲珑球形器"，均为泥质灰陶胎体、球形、中空，下部为矮圈足，一件足径6.7、高5.8厘米，另一件足径6.6、高6.4厘米（图1）。器身由八条蛇组成，盘成圆圈状，上有点状蓝色琉璃釉和红彩装饰[9]。这两件东西提供了把琉璃质物直接加诸陶器表面作为装饰的实证，为中国釉陶起源的工艺来源提供了直接的推理依据，同时也提供了以往所罕见的南方地区"釉陶"的证据。

随着考古新资料的不断披露，关于釉陶起源时间的认识也在不断更新。1990年以后，西安地区一些西汉早期的墓葬中相继发现了釉陶器，如陕西新安机砖厂"利成"积炭墓[10]、西安龙

[4] 叶喆民：《中国古陶瓷科学浅说》，轻工业出版社，1960年，第20页。在同出版社1982年修订版中，作者未再坚持这一观点。

[5] 罗学正：《低温釉彩源流考》，《陶瓷研究》1990年第2期；谢明良：《有关汉代铅釉陶的几个问题》，《汉代陶器特展》，高雄市立美术馆，2000年。

[6] 干福熹、黄振发、肖炳荣：《我国古代玻璃的起源问题》，《硅酸盐学报》1978年第1、2期；张福康、张志刚：《中国历代低温色釉的研究》，《硅酸盐学报》1980年第1期；李知宴：《中国釉陶艺术》，轻工业出版社，1989年，第89页。

[7] 张福康、张志刚：《中国历代低温色釉和釉上彩的研究》，《中国古陶瓷论文集》，文物出版社，1982年。

[8] 南京博物馆院、无锡市锡山区文物管理委员会、江苏省考古研究所：《鸿山越墓发掘报告》，文物出版社，2007年，第二章第七节。

[9] 南京博物馆院、无锡市锡山区文物管理委员会、江苏省考古研究所：《鸿山越墓出土礼器》，文物出版社，2007年，第126～128页。

[10] 郑洪春：《陕西新安机砖厂汉初积炭墓发掘报告》，《考古与文物》1990年第4期。

图1　无锡鸿山出土琉璃釉盘蛇玲珑球形器（引自《鸿山越墓出土礼器》）

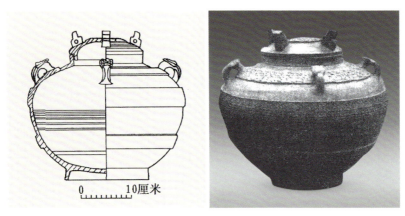

图2　山东临淄出土战国青釉罍（引自《考古》2008年第11期）

首原医疗设备厂170号墓[11]等。其中M170出土的一组釉陶壶、盒、仓、灶等明器，属于典型的汉代早期造型。这些证据把中国釉陶出现的时间提早到了西汉早期（汉武帝以前），但地理坐标仍在关中。2006年，山东淄博临淄区辛店镇发现一座"甲"字形土坑积石木椁墓（安乐店一号墓），"时代为战国晚期，墓主应是齐国的贵族"；该墓墓底北部的壁龛中各出土1件大小、形制相同的青釉罍，腹径31.5、高27厘米（图2），最初被认定为"青釉瓷罍"[12]。后来有研究者进行了测试分析，证实其外表是铅釉，而不是同期原始瓷所用的石灰釉[13]。由此而再次刷新了中国铅釉陶出现的年代上限，提早到了战国（前475～前221年）晚期，地理坐标也大幅度向东推移了约1000公里。

---

[11] 西安市文物保护考古所：《西安龙首原汉墓》，西北大学出版社，1999年，第232页。

[12] 王会田、崔建军：《山东淄博市临淄区发现一座战国墓葬》，《考古》2008年第11期。

[13] 于焱、王晓莲：《山东临淄发现战国时期铅釉陶罍》，《中国文物报》2016年8月12日；郎剑锋、崔剑锋：《临淄战国齐墓出土釉陶罍的风格与产地——兼论我国铅釉陶的起源问题》，《华夏考古》2017年第2期。

图3 战国铅釉彩陶罐（美国纳尔逊艺术博物馆 藏，引自《陶瓷手记》）

图4 战国铅釉壶（美国纳尔逊艺术博物馆 藏，引自《陶瓷手记》）

事实上，早先已经有一些欧美和日本学者提出过中国铅釉技术的出现可能早于西汉的观点，其立论根据主要是1949年以前因古墓盗掘而流出境外的若干战国陶器，包括几件红陶胎表面以"玻璃浆料"装饰模仿战国玻璃珠纹样的小罐（图3），其效果与前揭无锡鸿山大墓"琉璃釉盘蛇玲珑球形器"相似；还有美国纳尔逊-阿特金斯艺术博物馆所藏1件战国后期绿褐釉螭纹盖壶（传洛阳金村大墓出土）。境外收藏的部分仿玻璃珠罐有些做过X射线衍射等分析，基本确认为低温铅釉[14]。对于纳尔逊-阿特金斯艺术博物馆所藏绿褐釉螭纹盖壶（图4），谢明良先生认为它"虽是未经正式考古发掘的个别存世遗物，但就外观来看，整体施罩熔融的铅釉，器型和纹饰与战国时期铜器酷似，所以我也倾向其为战国铅釉陶器"[15]。该件"壶"的造型和装饰都与临淄安乐店青釉罍颇近似，其年代和产地应该大体相当。

因为资料来源准确可靠，战国齐地釉陶罍的发现和确认，彻底修正了中国釉陶起源于西汉中期的旧说；而且使早年张骞凿空乃使铅釉技术通过丝绸之路传入汉朝的猜测成为过眼云烟。在此基础上，陈彦堂先生进一步认为：无锡鸿山越国贵族墓出土所谓"彩绘琉璃釉盘蛇玲珑球"，应该是目前出土年代最早的彩绘类低温铅釉陶器[16]。这个观点把中国低温釉陶的年代推前到了战国早期。另有研究者认为，殷墟出土的陶瓷标本中，"有一种带釉的陶器，其胎质坚硬，胎色为紫红色，器表外施薄釉，釉色或呈酱紫色（局部近黑色），或为铁灰色。其胎料为普通黏土，与硬陶、原始瓷的胎料有明显区别"，"应将其归入釉陶类，并为商代的釉陶确立一个明确的标准"[17]。殷墟这类器物的内涵有待更详细深刻的揭示。

[14] Nigel Wood Ian Freestone：《"玻璃浆料"装饰战国陶罐的初步检测》，《古陶瓷科学技术（3）国际讨论会论文集》，上海科学技术文献出版社，1997年。

[15] 谢明良：《中国初期铅釉陶器新资料》，《陶瓷手记——陶瓷史思索和操作的轨迹》，上海古籍出版社，2013年，第340页。该文原载台北故宫博物院的《故宫文物月刊》总第309期（2008年）。

[16] 陈彦堂：《临淄出土战国铅釉陶罍及相关问题研究》，《中原文物》2021年第2期；陈彦堂：《中国陶瓷史上的两次误读及其匡正——兼及"釉陶"概念的源流》，《华夏考古》2021年第3期。

[17] 牛世山：《殷墟出土的硬陶、原始瓷和釉陶——附论中原和北方地区商代原始瓷的来源》，《考古》2016年第8期。

新的考古发现推进了釉陶研究，同时也提出了新的问题。其一，战国关东地区（包括齐）的釉陶技术是从哪来的？它们和同期以及稍早的琉璃（料器）工艺的直接关联度如何？是否还可能存在着年代更早的资料？其二，齐地釉陶和早年出土的、同属于战国偏晚的河南地区的釉陶是什么关系？和鸿山越墓出土的"琉璃釉盘蛇玲珑球形器"存在200年左右的时间差和700余公里距离，它们在工艺上有没有影响或继承关系？其三，齐釉陶叠至西汉早期墓葬中出土的釉陶之间至少几十年的时间差和上千公里的空间跨度，它们是直接的继承发展关系、还是毫无关系？中间的时空缺环如何解释？受限于基础资料，当下还无法对这些问题进行更深入研究。但就目前所知可得出一个基本判断，即战国晚期的釉陶技术在当时尚不具备普及性，釉陶应该是一种并不多见的高端产品（主要用作明器）；其器用地位和经济价值不会比同期的原始瓷低。

二、汉至北朝铅釉陶的发展和相关品种的认识

汉代铅釉陶器最早发现于关中地区，它们在西汉早期，甚至到汉武帝时期（前140～前87年）的墓葬中都还没有大量发现，此后则快速发展，作为墓葬中的随葬明器，分布范围越来越广，工艺也越来越精湛。宣帝时期（前73～前49年）铅釉陶器不仅在关中地区，而且在河南地区也有了比较多发现。东汉时期，釉陶风行一时，出土过釉陶的东汉墓葬的分布范围几乎与东汉的核心统治区域相等。汉武帝时期关中地区釉陶多见黄色釉，成帝（前32～前7年在位）以后绿釉越来越多[18]。除单色釉外，在河南的济源、陕西的宝鸡和延安等地还出土过色调鲜丽的复色釉陶[19]。汉代铅釉陶以普通黏土为胎，多呈砖红色，少数为灰色；以铅的化合物（氧化铅）作为助熔剂，在800℃左右胎釉一次烧成，属于铅钡釉（$PbO-BaO-SiO_2$）系统，这是中国传统铅釉的基本特征。汉代铅釉的主要成分是：氧化铅（PbO）46.89%、氧化硅（SiO_2）33.88%、氧化铝（Al_2O_3）6.20%、氧化铁（Fe_2O_3）2.31%、氧化铜（CuO）1.26%[20]。这种釉的主要着色剂是铜和铁，在氧化气氛中烧成，铜的成色呈翠绿色，铁的成色显棕红或黄褐色。

从东汉末年开始，受社会动乱和后来曹魏提倡薄葬之风的影响，一度火遍汉墓大半壁江山的铅釉陶趋于衰落。经过考古发掘的曹魏、西晋、十六国时期墓葬中随葬的低温铅釉陶器发现得比较少，釉陶的生产和使用都处于一个低落期。西晋铅釉陶主要集中出土于中原地区的墓葬，所见多为10厘米以下的小罐，釉色以酱黄为主。西晋末年开始，北方地区持续战乱，先后建立了10余个不同民族的割据政权，连同四川地区的成汉，号称"十六国"。十六国时期考古发现的釉陶虽然不多，但却能大体上连续不断，主要见于辽西、关中等地，基本是明器，釉色以黄褐为主。大约属于前、后赵时期（318～329年；329～349年）的咸阳平陵M1中出土

[18] 李知宴：《汉代釉陶的起源和特点》，《考古与文物》1984年第2期。
[19] 陈彦堂：《关于汉代低温铅釉陶器研究的几个问题》，《古代文明》第4卷，文物出版社，2005年；陈彦堂、辛革：《河南济源汉代釉陶的装饰风格》，《文物》2001年第11期；王天艺：《汉代复色低温铅釉陶器初探》，《考古与文物》2018年第6期。
[20] 张福康、张志刚：《中国历代低温色釉的研究》，《硅酸盐学报》1980年第1期。

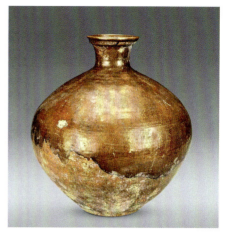

图5　陕西咸阳出土十六国黄褐色釉陶铠甲马（引自《咸阳十六国墓》）　图6　辽宁北票出土十六国酱釉羊形尊（引自《三燕文物精粹》）　图7　辽宁北票北燕冯素弗墓出土釉陶壶（引自《北燕冯素弗墓》）

的2件釉陶铠甲马（图5），通体施黄褐色釉，其中一件高46厘米，同墓中还出土有黄褐色釉虎子1件，但釉多已剥落[21]。曾先后处于三燕（前燕：337～370年；后燕：384～407年；北燕：409～436年）控制下的辽宁朝阳地区也有釉陶发现，朝阳县十二台营子乡袁台子前燕壁画墓中出土有红褐色釉陶碗[22]。北票市八家乡喇嘛洞墓地发现有釉陶壶、四系黑釉或酱釉小罐等，其中Ⅱ区M28中发现一件酱釉羊形尊（图6），顶部有口，带盖，中空，长27.5、高26.2厘米[23]。北票太平七年（415年）北燕宗室、大司马冯素弗墓出土的黄绿釉陶壶（图7）[24]，也颇具代表性，而且有参照纪年。

　　道武帝天兴元年（398年），北魏迁都平城（今山西大同）以后，随着北方的逐步统一，铅釉工艺得到了进一步发展，造型以壶、罐等为主，釉色以黄褐和绿为主，出现了一些带有鲜卑陶器风格的新装饰因素。作为北魏统治中心的平城（今山西大同）地区有大量的釉陶发现，其中比较重要的釉陶考古材料包括：大同操场城北魏建筑遗址出土的铅釉陶器残片[25]，沙岭北魏壁画墓（太延元年，435年）出土的折沿壶5件[26]，阳高北魏尉迟定州墓（太安三年，457年）出土的平沿壶1件[27]，大同南郊北魏墓群中出土的罐、壶等49件[28]，迎宾大道北魏墓群中

[21] 咸阳市文物考古研究所：《咸阳十六国墓》，文物出版社，2006年，第89～91页。

[22] 辽宁省博物馆文物工作队、朝阳地区博物馆文物队、朝阳县文化馆：《朝阳袁台子东晋壁画墓》，《文物》1984年第6期。

[23] 张克举、田立坤：《辽宁发掘北票喇嘛洞鲜卑贵族墓地》，《中国文物报》1996年12月22日；辽宁省文物考古研究所：《三燕文物精粹》，辽宁人民出版社，2022年，第15页；辽宁省文物考古研究所、朝阳市博物馆、北票市文物管理所：《辽宁北票喇嘛洞墓地1998年发掘报告》，《考古学报》2004年第2期。

[24] 黎瑶渤：《辽宁北票县西官营子北燕冯素弗墓》，《文物》1973年第3期；辽宁省博物馆：《北燕冯素弗墓》，文物出版社，2015年，第18页。

[25] 山西省考古研究所、大同市考古研究所、大同市博物馆：《大同操场城北魏建筑遗址发掘报告》，《考古学报》2005年第4期。

[26] 大同市考古研究所：《山西大同沙岭北魏壁画墓发掘简报》，《文物》2006年第10期。

[27] 大同市考古研究所：《山西大同阳高北魏尉迟定州墓发掘简报》，《文物》2011年第12期。

[28] 山西大学历史文化学院、山西省考古研究所、大同市博物馆：《大同南郊北魏墓群》，科学出版社，2006年，第511页。

出土的罐、壶等20件，残俑1件[29]，雁北师院北魏墓群（其中M5纪年为太和元年，477年）出土的壶、罐各1件[30]，文瀛路北魏壁画墓（477年前后）出土的壶6件（其中小壶3件）[31]，云波里路北魏壁画墓（477年前后）出土的罐4件，壶3件，磨、灶、碓各1件[32]；司马金龙墓（484年）出土的彩绘铅釉陶俑群（图8）[33]，七里村北魏墓群（太和八年，484年前后）出土的盘口罐7件、平沿壶3件、樽1件[34]，齐家坡北魏墓（迁都洛阳前后，494年）出土的壶2件等[35]。

北魏迁都洛阳（孝文帝太和十八年，494年）以后，北方铅釉陶技术快速发展，出现了大量的碗、盘等实用器造型，不少器型和装饰都与同期的瓷器毫无二致。如宣武帝景陵（延昌四年，515年）出土的釉陶碗[36]、洛阳大市遗址出土的釉陶残片等[37]。观察发现，这类器物的釉下很多都施有白色化妆土。东魏、北齐核心统治区域邺城（今河北临漳）附近、山西太原一带墓葬中出土的青、白、褐等釉色的器物，最初发掘时往往都判定为瓷器，现在以实物审视，其间应该有不少是铅釉。如河南安阳县东魏天平三年（536年）宁远将军、博陵太守赵明度墓出土的青白釉四系罐等（图9）[38]，白胎，有化妆土，饰覆莲，发掘者认定为瓷器，后被判定为铅釉器。还有河北磁县东魏武定五年（547年）尧赵氏墓出土的青釉细颈瓶和酱釉瓶、罐、壶[39]，磁县高润墓（武平七年，576年）出土的铅釉碗（图10）、罐、鸡头壶[40]等，有些也疑似为铅

图8　山西大同北魏司马金龙墓出土釉
陶骑马俑（作者拍摄）

图9　河南安阳东魏赵明度墓出土青白釉四系罐
（引自《考古》2010年第10期）

[29] 大同市考古研究所：《山西大同迎宾大道北魏墓群》，《文物》2006年第10期。

[30] 大同市考古研究所：《大同雁北师院北魏墓群》，文物出版社，2008年，第11、33页。

[31] 大同市考古研究所：《山西大同文瀛路北魏壁画墓发掘简报》，《文物》2011年第12期。

[32] 大同市考古研究所：《山西大同云波里路北魏壁画墓发掘简报》，《文物》2011年第12期。

[33] 山西大同市博物馆、山西省文物工作委员会：《山西大同石家寨北魏司马金龙墓》，《文物》1972年第3期。

[34] 大同市考古研究所：《山西大同七里村北魏壁画墓群发掘简报》，《文物》2006年第10期。

[35] 大同市博物馆：《大同市齐家坡北魏墓发掘简报》，《文物季刊》1995年第1期。

[36] 中国社会科学院考古研究所洛阳汉魏城队、洛阳古墓博物馆：《北魏宣武帝景陵发掘报告》，《考古》1994年第9期。

[37] 中国社会科学院考古研究所洛阳汉魏城队：《北魏洛阳城内出土的瓷器与釉陶器》，《考古》1991年第12期。

[38] 孔德铭、焦鹏、申明清：《河南安阳县东魏赵明度墓》，《考古》2010年第10期。

[39] 磁县文化馆：《河北磁县东陈村东魏墓》，《考古》1977年第6期。

[40] 磁县文化馆：《河北磁县北齐高润墓》，《考古》1979年第3期。

图10　河北磁县北齐高润墓出土铅釉碗及陶盘（作者拍摄）　　图11　山西太原北齐娄睿墓出土釉陶鸡首壶（作者拍摄）　　图12　河南安阳北齐范粹墓出土黄釉陶扁壶（作者拍摄）

釉。北齐大中型墓葬中出土的釉陶器不仅数量多，而且有些装饰精美，远在瓷器之上。其间著名者如山西太原娄睿墓（武平元年，570年）出土的釉陶灯、鸡首壶（图11）、盉[41]，河南安阳贾进墓（武平二年，571年）出土的熏炉、唾盉[42]，山西太原徐显秀墓（武平二年，571年）出土的鸡首壶、樽、灯[43]，河南安阳范粹墓（武平六年，575年）出土的黄釉胡人舞乐扁壶（图12）、白釉绿彩瓶[44]，河南濮阳李云墓（武平七年，576年）出土的铅釉四系罐[45]等。

根据上述资料，东汉末年以后，釉陶在北方消歇的时间应该并不长，魏晋时期只在小的时空范围内有所间断，此后北方十六国釉陶明器和南方东晋青瓷明器数量都有限，但可交相辉映。因为烧成火候低，釉陶的制作技术难度不比制瓷更大，所以隋（或者北朝末）以前在北方可能有一个釉陶（含瓷质胎，详后）与青瓷并行的时期。从北朝早期开始，中原地区的铅釉陶技术和北方少数民族的生活习俗、审美习惯相结合，在器型、装饰等方面都明显有鲜卑等北方民族文化的因素。值得注意的是，北朝时期的铅釉陶器，除了出土于墓葬的明器外，在同期遗址中也有不少发现，说明它们中至少有一部分应该是日常生活用具。

北齐铅釉器新的发展形式之一，是出现了以瓷土为胎、烧成温度高于汉代釉陶（通常在960℃～1048℃）的铅釉器[46]。河北临漳邺城遗址东南的曹村窑遗址中就有这类标本[47]，该窑址出土有一些碗、盘等明显釉面温度偏低，其造型与同窑址出土的高温石灰釉瓷器完全一致。

[41] 山西省考古研究所、太原市文物考古研究所：《北齐东安王娄睿墓》，文物出版社，2006年，第133～145页。

[42] 孔德铭、焦鹏、申明清：《河南安阳县北齐贾进墓》，《考古》2011年第4期。

[43] 山西省考古研究所、太原市文物考古研究所：《太原北齐徐显秀墓发掘简报》，《文物》2003年第10期。

[44] 河南省博物馆：《河南安阳北齐范粹墓发掘简报》，《文物》1972年第1期。

[45] 周到：《河南濮阳北齐李云墓出土的瓷器和墓志》，《考古》1964年第9期。

[46] 王洪敏、潘伟斌、采舒农：《安阳北朝墓出土铅釉陶的分析研究》，《中国国家博物馆馆刊》2011年第12期。

[47] 杨海涛、申向炜：《临漳县发现北朝窑址》，《邯郸日报》2010年8月26日第2版；王建保、张志忠、李融武，等：《河北临漳县曹村窑址考察报告》，《华夏考古》2014年第1期。

经对其中的青黄釉、青釉、酱釉标本进行测试分析，确认为低温铅釉[48]。曹村窑遗址地近北齐都城，位置重要，内涵丰富，它提供了青瓷、瓷胎铅釉器共烧的实例，在北方青瓷起源、釉陶与青瓷关系等方面极大地丰富了以往的认识；同时也引发了新的学术探讨，特别是挑战了传统的陶瓷分类标准。

基于我国古代黏土类烧制品的整体特征，中国学术界流行"陶/瓷"二分法。陶器和瓷器至少在原料、烧成、质感等几个方面存在着本质的差异，具体表现为：

① 瓷器的胎质是瓷石（主要成分是石英和绢云母）或高岭土（主要成分是氧化铝含量较高的高岭石，化学组成为$Al_4[Si_4O_{10}](OH)_8$）；陶器的胎一般都是黏土，只有白陶和印纹硬陶等少数陶种的胎体中含有瓷石或高岭土成分。这是二者在胎质方面的重要差别，也是最本质的不同。

② 瓷器表面一般都施有高温烧成的玻璃质釉；陶器一般不施釉，有些陶器的表面有低温铅釉。这是二者在外观装饰上的一个重要差别。

③ 瓷器必须经过高温焙烧瓷胎才能烧结，由于各地瓷土的化学成分不同，瓷胎烧结所需要的温度也不尽相同，但一般都要在1200℃左右或以上；陶器的烧成温度比较低，除白陶和印纹硬等特殊陶器品种外，其他品种的烧成温度通常不能超过1000℃，否则即会呈熔融状态。

④ 瓷胎烧结后吸水率为0%～0.5%，即不吸水或基本不吸水，叩击瓷胎，声音清脆悦耳；陶胎一般都吸水，叩击时声音哑然。

⑤ 陶器和瓷器的胎色也有明显的差别，以早期越窑为代表的南方青瓷正式烧成以后瓷胎一般是青灰或灰白色，后来由于原料产地变迁而导致的瓷土化学成分的变化以及胎土淘洗的日益精细，瓷胎一般为白色；陶胎因黏土本身成分以及烧成过程中窑室气氛的差别，呈现出红、红褐、灰、灰黄、黑、白等不同色调。

⑥ 薄层的瓷胎可以微透光，即瓷胎具有透明或半透明性（但并不绝对，还要看不同窑场、不同瓷土的不同化学成分），陶胎则不具有透光性，如龙山文化的蛋壳黑陶虽然胎体薄如卵壳，但仍不透光。

在陶瓷分类中，通常更注重前4点，即从是否为瓷质胎、是否施高温釉、吸水性大小、烧成温度高低等方面把中国历代的陶瓷器分成陶器和瓷器两大种群。安金槐先生最早明确坚持这一观点，他认为："只要具备以下几个特征就可以算是瓷器：（一）胎骨是用高岭土做成的，有的胎骨也羼有石英或长石等粉末。（二）有光亮的釉。（三）质坚硬、火候高，叩之作金石声。（四）胎骨不吸水分。"[49]这后来也成为我国古陶瓷研究界比较一致的看法。在这个框架结构之下，商周时期甚至更早的高温釉器物被称为"原始瓷器（primitive porcelain）"，而不再称之为"釉陶"[50]；低温铅釉的"釉陶"则通常归入陶器类。

[48] 李国霞、赵学锋、李江：《新发现曹村窑三种釉色陶瓷的初步分析》，《中国古陶瓷研究》第十六辑，故宫出版社，2010年。

[49] 安金槐：《谈谈郑州商代瓷器的几个问题》，《文物》1960年第8、9期。

[50] 中国硅酸盐学会：《中国古陶瓷论文集》，文物出版社，1982年。"原始瓷器"作为名词最早见于陈万里先生的《中国青瓷史略》（上海人民出版社，1956年），该书第3页有"东汉时代的原始青瓷"之说。

如前所述，曹村窑出土的瓷胎铅釉器挑战了中国传统陶瓷分类法；事实上，这种瓷胎铅釉、瓷胎石灰釉产出于同一窑场的现象，在北朝晚期也应该不止曹村一地。为了与相同时空范围内的青瓷、白瓷相区别，有学者主张把北朝后期的瓷胎铅釉器物称为"铅釉瓷"[51]。在陶瓷"二分法"的前提下，瓷胎铅釉器到底是陶是瓷，应该有一个明确的学术标准。这个标准不仅要符合今日之学术思维逻辑，也应该有对古人陶瓷生产工艺的足够理解。

受限于科学技术的发展水平，古代工匠对于某些特定区域内的陶土、瓷土不易做出如今实验室中定量式的精确区分，北朝晚期北方瓷土就有此特征。但铅釉、石灰釉（瓷釉）的配方存在着很明显的不同，古人在配制过程中不可能不加以区分。所以，关于"陶器"和"瓷器"的区分，在现代研究中，胎质的不同是最本质的不同；但从古代制作工艺来考虑，瓷器（包括"原始瓷"）和釉陶的最大不同则在于釉的不同。换言之，区分陶器和瓷器，胎土固然重要，甚至可以作为首要条件，但在原始瓷器出现（原始青瓷与印纹硬陶区分）、北朝晚期北方瓷器（瓷胎铅釉、瓷胎石灰釉两种产品区分）等特殊节点和研究对象上，釉的有无、配方差别则应该优先考虑。这里有一个研究者所熟知的参照系，就是"唐三彩"。"唐三彩"在我国古陶瓷研究界通常是归入"釉陶"类，但至少河南巩义窑所产者有些是瓷胎或接近瓷胎。唐睿宗太极元年（712年）六月，左司郎中唐绍上疏称："近者王公百官，竞为厚葬，偶人像马，雕饰如生，徒以眩耀路人，本不因心致礼。更相扇慕，破产倾资，风俗流行，遂下兼士庶。"[52]这些"雕饰如生"的"偶人像马"很可能就是各类彩釉陶的人和动物俑，其质量并不输于同期巩义窑瓷器。对于唐三彩的归分，就是在陶瓷"二分法"原则下，使用了釉质优先的原则。因此，在目前通行的中国古代陶瓷研究框架之下，曹村窑等生产的瓷胎铅釉器物，也应该归入到"釉陶"类。随着北方青瓷、白瓷的不断成熟，瓷胎铅釉器物作为过渡产品也逐渐退出了历史舞台。这个年代，应该不晚于隋。

陶瓷"二分法"简便易行，但也有疏漏之处，二者的中间地带并非完全边界分明，我国常见的"缸胎器"就很难归入陶器或瓷器。在朝鲜半岛、日本群岛10世纪以前的墓葬中常见有所谓"灰釉"器物，为高温硬陶质胎和天然釉，这类东西在东北亚以外的很多地方都曾经存在，也不易纳入上述的"二分法"。

回到北齐铅釉话题，瓷器和"铅釉瓷"的造型、装饰趋同，在遗址和墓葬中同时并出者不在少数，甚至在曹村等窑址中同时出现。既然如此，它们是否为了满足不同的需求而生产？换一个角度看，同样造型的器物，其铅釉、石灰釉的差异，是否因为功用不同，还是另有其他原因？当时的人如何认识"铅釉瓷"的性质？从学术角度来看，陶瓷"二分法"之间是否存在"第三地带"，也值得认真思考。无论如何，经过热爱色彩的北方少数民族的融入洗礼，北朝釉陶技术奠定了唐代及以后彩釉陶技术进步的基础，其装饰效果明显优于两汉单色或复色釉陶，造型丰富特别是大量实用造型的引入，开启了唐及以后彩釉陶新发展的先声。

[51] ［日］小林仁：《北齐铅釉器的定位和意义》，《故宫博物院院刊》2012年第5期。
[52] （五代晋）刘昫等撰：《旧唐书》卷四五，中华书局，1975年，第1958页。

　　附记：本文最初发端于对无锡鸿山越国贵族墓出土"彩绘琉璃釉盘蛇玲珑球"性质的思考，曹村窑址中发现瓷胎铅釉器物、战国齐罍确认为铅釉后，对于唐代以前釉陶系统进行梳理、更新既往认知的愿望更为迫切。由于种种原因，前后拖延了十六七年，始终未能最终成文，其间陆续拜读过陈彦堂兄等研究者的大作，颇生"崔颢题诗"之感。本文部分内容曾经在相关学术研讨会、研究生课堂上讲授并讨论过，颇得教益或启发；2021年曾计划修订一次，南开大学研究生段霄霆、马娇帮助核对了全部资料，并指出文中谬误，遗憾再次搁置；此次承何飞馆长督促，乃勉强成篇。谨此一并致谢。

中国古代低温铅釉陶器研究中
几则基本材料的疏证

陈彦堂

近年来，中国古代低温铅釉陶器领域一改往常的沉寂局面，新资料不断涌现，旧资料不断被重新识读，研究课题也日渐多样化，从而形成了渐趋热络的局面。

在对中国古代低温铅釉陶器资料爬梳的过程中，笔者发现，在相关讨论时，一些基础资料的引用还存在不少偏差，有的甚至被误读和曲解。尤其是几则关乎中国古代低温铅釉陶器起始年代和烧造地点等关键问题的核心资料，被辗转征引而不辩究里，以至于以讹传讹而影响深远。论据的讹误直接导致论点的不严谨甚至不可信，不仅使前人的研究成果被忽视，也使得本可避免的错误a长期地反复出现。

有鉴于此，本文试图对几则典型的误读和曲解加以梳理，并对几则基础资料的准确性加以厘定，以期正本清源，俾使有关论者在新的讨论中对基础资料和核心论据的使用更加精准，结论更加可靠。若有唐突，尚祈指教。

一、战国起源说所依据的洛阳金村大墓的墓主问题

在临淄战国陶罍出土并获确认[1]之前，中国古代低温铅釉陶器起源诸说中，战国说者均以美国纳尔逊-阿特金斯艺术博物馆收藏的铅釉陶罍作为最重要的证据之一。而国内外相关论者在涉及该陶罍出处时，均言出自洛阳金村韩君墓。此种现象甚为普遍，兹举有代表性的三例：

---

[1] 临淄战国铅釉陶罍的出土见王会田、崔建军：《山东淄博市临淄区发现一座战国墓》，《考古》2008 年第 11 期；被确认为低温铅釉陶器见于焱、王晓莲：《山东临淄发现战国时期铅釉陶罍》，《中国文物报》2016 年 8 月 12 日，以及郎剑锋、崔剑锋：《临淄战国齐墓出土釉陶罍的风格与产地——兼论我国铅釉陶的起源问题》，《华夏考古》2017 年第 2 期。其间有将近十年被认为是青瓷器的误判，其过程参见陈彦堂：《跋临淄出土战国铅釉陶罍——兼论中国古代低温铅釉陶器的若干问题》，《中原文物》2021 年第 2 期。

① 日本学者："（纳尔逊美术馆）绿釉蟠螭纹壶，传河南洛阳金村韩君墓出土，战国时代。"[2]

② 中国台湾学者："传洛阳金村韩君墓出土的绿褐釉螭纹盖壶亦属战国时期铅釉陶的珍贵实例。"[3]

③ 中国大陆学者："传世文物中，笔者仅搜集到一件与本文所论釉陶罍（笔者按：指临淄战国墓所出者）近似者，现存纳尔逊-阿特金斯艺术博物馆（Nelson-Atkins Museum of Art），相传出土于洛阳金村'韩君墓'。"[4]

这三段文字有一个共同之处，即均言明其所征引资料认为纳尔逊-阿特金斯艺术博物馆所藏的这件陶罍据传出自洛阳金村韩君墓。实际上，所谓的韩君墓问题是一个早在20世纪40年代就被质疑并已经被匡正的论点，其由来源自历史上河南洛阳金村古墓群被盗掘事件。这是中国考古史上的一件大事，其影响至今犹存。1928年开始的盗掘活动，使得相当数量的文物流入加拿大和日本等国。此后的文物流失、汇集、著录、考辨工作一直持续至今，许多学术问题尚待深入研究，而墓地性质和墓主人身份则是较早被解决的问题。金村古墓最基础最经典的两本著述，分别出自有着加拿大传教士身份的怀履光（William Chares White）[5]和日本学者梅原末治[6]，这两部著作可谓亡羊补牢，差堪补憾。除了记述墓葬形制、著录出土文物之外，两书的共同之处在于，他们都把墓主人认定为战国时期的国君，梅原末治认为是秦君，怀履光则力主韩君。前者是因为银器的针刻铭文中有"三十七年"字样，被梅原末治错误地释读为秦始皇三十七年，继而认为是秦君墓葬。后者主要是根据金村大墓流出的骉氏编钟铭文中出现了"韩宗"一词，被研究者认为属于韩国。接替安特生出任瑞典远东博物馆馆长的著名汉学家高本汉（Klas Bernhard Johannes Karlgren）则通过对骉氏编钟等青铜器铭文的研究，在对梅原末治秦墓说进行驳议之后，论证了金村古墓是韩国贵族（他认为有可能是王子）墓葬的可能性，从而使金村古墓韩君说在欧美学术界的影响进一步深化[7]。

实际上最早提出韩君墓之说的是马衡等中国学者。此说在20世纪三四十年代的欧美和日本学术界风行一时，但很快有学者对此提出驳议，认为金村大墓乃战国时期东周墓，唐兰先生[8]、

[2] 弓场纪知：《汉代铅釉陶器的起源》，《出光美术馆研究纪要》第四号，出光美术馆，1998年，第29页。

[3] 谢明良：《中国古代低温铅釉陶器的世界》，石头出版股份有限公司，2014年，第19页。

[4] 郎剑锋、崔剑锋：《临淄战国齐墓出土釉陶罍的风格与产地——兼论我国铅釉陶的起源问题》，《华夏考古》2017年第2期。该文的两位作者也是临淄战国陶罍的确认者。

[5] William Chares White. *Tombs of Old Lo-yang*. Kelly and Walsh Ltd, Shanghai, 1934. 该书的汉文名称为《洛阳古城古墓考》，上海别发印书馆出版。

[6] 梅原末治：《洛阳金村古墓聚英》，小林写真制版所出版部，1937年；梅原末治：《增订洛阳金村古墓聚英》，同朋舍，1944年。

[7] Bernhard Karlgren. *Notes on A Kin-Ts'un Album*. The Museum of Far Eastern Antiquities Bulletin No.10, Stockholm,1938.

[8] 唐兰：《洛阳金村古墓为东周墓非韩墓考》，《大公报》1946年10月23日；《关于洛阳金村古墓答杨宽先生》，《大公报》1946年12月11日。唐兰先生先有韩君墓的看法，也曾有晋国墓葬之议，后改为东周墓葬。参见唐兰：《智君子鉴考》，《辅仁大学辅仁学志》第七卷第一第二期抽印本，1936年。

陈梦家先生[9]是其中的代表。此后，又有中国学者指出，战国时期的洛阳是周王所居的成周，是名义上的周王朝中央政府所在地，无论从历史地理的角度还是从战国时期的政治格局考量，地处东周王城的金村大墓，是不可能属于秦晋韩等诸侯国君的。换言之，所谓的秦君墓、韩君墓是完全不可能的。而最大的可能，乃是属于东周君[10]或者周王室。俟后，李学勤先生通过对金村大墓出土铜器铭文的考释，尤其是被持韩君说、秦君说者认为涉及韩国与秦国历史的铭文的辨析，认为金村墓葬群既不是秦墓，也不是韩墓，也不是东周君墓，而是东周王室的墓葬，可能包括周王及附葬臣属。被盗掘的八座大墓，其时代均为战国时期，下限迟至战国晚期[11]。此说提出之后，学术界基本再无异议。洛阳市文物考古部门通过多年的考古发掘与研究，综合国内外学术成果，已经把金村古墓群确定为东周王城的王陵区之一，并据此制定整体的保护研究规划且获国家主管部门认可[12]。

因此，金村大墓应该是战国中晚期东周王室墓葬。此种认知至迟从20世纪四五十年代开始提出，到20世纪80年代时已基本成为国内外学术界的共识。秦君墓说早已销声匿迹，东周君墓说也已经式微，惟韩君墓说则因辗转征引以致以讹传讹，在日本和中国台湾尚有一定影响。中国大陆学者当中所持或者引述韩君墓说者，大多源自对日本学者和中国台湾学者著述的辗转征引。在此问题已经被破解半个世纪左右之后，此种以讹传讹的现象应当避免发生。

二、西汉中期起源说所依据关中汉墓的资料出处问题

自20世纪50年代以降，不可胜计的低温铅釉陶器的出土，使得中小型汉墓的发掘者和报告的编写者不得不对其进行考古学的分类与排序。这项田野考古研究最基本的工作，导致考古学界通过考古类型学和层位学的研究，推定出了当时所能认识到的年代最早的低温铅釉陶器，出自关中地区西汉武帝时期的墓葬中。此为西汉中期起源说的最初来历。

"西汉中期起源说"的形成立足于当时的田野考古发掘资料，立论者以严谨认真的态度，力图以科学的资料为基础，提出基础坚实的学术认知。这一在当时并无争议的学术观点，被俞伟超先生写入北大考古专业的讲义[13]中之后，得以在全国考古界风行，并被古陶瓷界和科技界所认可，然后为诸家征引，几为不易之论，从而载入《中国大百科全书·考古卷》[14]、《中国

[9] 陈梦家：《六国纪年》，上海人民出版社，1956年。

[10] 郭宝钧先生在20世纪50年代认为金村大墓是东周君的墓葬，参见中国科学院考古研究所：《山彪镇与琉璃阁》，科学出版社，1959年。

[11] 李学勤：《东周王城与金村大墓》，《河洛春秋》1984年第1期。另见李学勤：《东周与秦代文明》，文物出版社，1984年。

[12] 洛阳市文物管理局：《洛阳大遗址研究与保护》，文物出版社，2009年。另见中国国家博物馆、洛阳市文物考古研究院：《洛阳大遗址航空摄影考古》，文物出版社，2017年。

[13] 北京大学历史系考古教研室：《战国秦汉考古》（上）（中国考古学之四），1973年6月铅印本，1981年8月重印。

[14] 中国大百科全书考古卷编辑委员会：《中国大百科全书·考古卷》，中国大百科全书出版社，1986年。

陶瓷史》[15]和《中国科学技术史·陶瓷卷》[16]三部权威著作，成为在学术界影响最为广泛且最为持久的观点。

人们对这一观点长期深信不疑，一方面源于大规模田野考古中的发现与之基本吻合，另一方面则是源于对北大考古专业以及俞伟超先生本人学术素养的信服。这一观点唯一的、严重的缺憾，在于其基本资料至今尚未刊布，所出究竟何物，具有何种特征以及出土环境如何，俞先生并未明示，征引者也无人探究，这批资料迄今仍付阙如，发掘者、整理者均已难述其详，甚至于资料的归属存放也不了了之。因此，该批资料中诸如器物形态及其组合关系、外观特征、烧制工艺等等关乎低温铅釉陶器研究的最基本信息，我们均已无从得知了。如此一来，西汉中期起源说的论证过程就成为无本之木了——尽管迄今为止并没有任何学者对这一学术观点进行过论证，而且在新的田野发掘资料的出土日新月异的情况下，尤其是具有可靠并且完备的考古信息的战国低温铅釉陶器已然出土刊布并加以论证的情况下，西汉中期起源说的论证已经显得不是那么必需了，但从学术史的角度观察，这一学术观点的内涵至少是不完备的。

令人欣喜的是，2012年起，陕西省文物局组织专门机构，抢救整理20世纪50年代的考古发掘资料[17]。笔者经仔细核校，发现书中收录的汉代墓葬（含新莽时期）中，包括了西安近郊及关中地区发掘的汉墓68座，其中共有16座出土有施釉陶器。这16座墓葬中，大体可以判断属于西汉时期的约有8座。但遗憾的是，由于年代久远，该批资料详略不一，准确度互有参差，因此尚不足以对其年代和随葬品组合关系等基本考古信息做出准确判断和归纳，遑论其所出低温铅釉陶器的器物形态、工艺特征等更深层次的问题。

尽管无法确认该批墓葬是否属于俞伟超先生所说的那一批关中西汉武帝时期墓葬，且资料尚有不少缺项，但差堪补此缺憾。同时，我们也殷切期待，当年俞伟超先生作为立论根据的那批西汉中期墓葬资料，能够从故纸堆中被辨识并刊布。

我们指出这一点，不是要苛求前辈学人而是恰恰相反，是在向先贤致敬的同时，力图从学术史的角度总结得失，以使前人探索的意义得到彰显。

三、南越王宫苑遗址出土的带釉砖瓦的属性与年代问题

迄今所见的汉代及其以前的低温铅釉陶器，基本是出自墓葬中。出自遗址尤其是建筑基址的器物极为罕见，因此一旦刊布就会被研究者格外关注。因为低温铅釉陶器用于地面建筑的问题，直接涉及低温铅釉陶器是单纯的随葬明器还是兼具实用功能的器物功能界定，因此非常有必要对基础资料进行严格精确的辨识和解释，从而确定低温铅釉陶器能否以及何时用于地面建筑[18]。

---

[15] 中国硅酸盐学会编：《中国陶瓷史》，文物出版社，1982年。

[16] 李家治主编：《中国科学技术史·陶瓷卷》，科学出版社，1998年。

[17] 陕西省文物保护研究院编著、姜宝莲主编：《二十世纪五十年代陕西考古发掘资料整理研究》，三秦出版社，2015年。感谢提醒我关注这批资料的白云翔先生以及提供资料的该书撰稿人之一赵强先生。

[18] 关于汉代低温铅釉陶器用于建筑构件的其他资料以及相关讨论，需要对资料加以重新稽核，本文暂不涉及。参见陈彦堂：《汉魏时期低温铅釉陶器实用功能的初步探索》（待刊）。

曾有人认为广州南越王宫苑遗址出土的带釉筒瓦，可作为汉代低温铅釉陶器出土于遗址的例证[19]。检索发掘报告，该遗址出土的汉代带釉陶质建筑构件包括带釉的砖和瓦两种，其中刊布的瓦有青釉带钉板瓦（95T5PC：36）和青釉普通筒瓦（95T4PC：7）两件，但其釉色分别呈现出青绿色与黄绿色，胎体也呈现为灰白色，与汉代习见的铜绿色与砖红胎差别明显。砖的胎体和釉色也显得很特异。通过对两块砖和三块瓦的釉层进行取样分析，砖瓦釉层中作为主要助熔剂的元素是钠和钾，含量高达14%左右，而传统低温釉中作为助熔剂的铅元素在此基本不存在，作为绿色呈色剂的氧化铜也基本没有含量，这就基本可以否定其铅釉的属性。另一个值得关注的现象是，带釉砖瓦的烧结温度均在1000℃以上，基本属于高温釉，与传统概念中铅釉的低温性能也相差极大。因此，南越王宫苑遗址出土的带釉砖瓦，不仅不是低温铅釉，而且与常见的高温钙釉也很不同[20]。

至于所谓的低温铅釉陶瓦，器型包括绿釉莲花纹瓦当（97T13GC①：21）、绿釉板瓦（97T13GC①：29）和绿釉砖（97T1GC①：3），有的化学成分和理化性能的确属于低温铅釉系统，也的确出自该遗址，但却是出自五代十国时期南汉王朝的层位，属于南汉皇宫的建筑构件[21]，其时代为917～971年，与西汉中期相差千年有余。彼时，低温铅釉用于建筑材料已蔚然成风，故建筑基址中出土此类器物已不鲜见，比如同样位于广州地区的同为南汉皇室建筑的康陵陵园建筑遗址内，就出土了低温铅釉筒瓦和瓦当[22]。而南汉前后遍布全国其他建筑遗址诸如唐大明宫遗址[23]及渤海国遗址[24]，南汉之后的巩义北宋皇陵遗址[25]及宁夏西夏王陵遗址[26]等，均有低温铅釉的建筑构件出土。但有汉一代，尚无此例[27]。

故此，关于南越王宫遗址出土低温铅釉建筑材料的问题，可以廓清为两点。

---

[19] 参见谢明良：《中国古代低温铅釉陶器的世界》，石头出版股份有限公司，2014年，第72页。

[20] 南越王宫博物馆筹建处、广州市文物考古研究所编：《南越宫苑遗址》（上），文物出版社，2008年，第42、239页。南越王宫遗址出土的这批带釉陶器与中国陶瓷史上的高温钙釉瓷器和低温铅釉陶器均存在很多差异，其间所蕴含的学术意义容另文讨论。

[21] 南越王宫博物馆筹建处、广州市文物考古研究所编：《南越宫苑遗址》（下），文物出版社，2008年，第213～240页，彩版九、十。

[22] 广州市文物考古研究所：《广州南汉德陵、康陵发掘简报》，《文物》2006年第7期。低温铅釉瓦和瓦当的测试数据见鲁晓珂、李伟东、罗宏杰：《五代南汉国王陵出土陶瓷器的特点和来源探析》，《硅酸盐学报》2011年第39卷第5期。

[23] 中国社会科学院考古研究所：《唐长安大明宫》，科学出版社，1959年；中国社会科学院考古研究所日本独立行政法人文化财研究所奈良文化财研究所联合考古队：《西安市唐长安城大明宫太液池遗址》，《考古》2005年第7期。另据中国社会科学院考古研究所西安研究室主任、曾长期主持大明宫考古发掘工作的安家瑶先生见告，唐长安大明宫遗址出土的低温铅釉琉璃瓦包括板瓦筒瓦，但数量不多，有可能是因为当时是作为宫殿屋檐的剪边琉璃使用的。西明寺遗址还出土过三彩瓦。不过这些琉璃瓦并没有经过检测，仅从外观判断其为低温铅釉。谨向安先生致谢。

[24] 黑龙江省文物考古研究所、吉林大学考古系、牡丹江市文物管理站：《渤海国上京龙泉府宫城第二宫殿遗址发掘简报》，《文物》2000年第11期。

[25] 河南省文物考古研究所：《北宋皇陵》，中州古籍出版社，1997年。

[26] 宁夏考古研究所、银川西夏陵区管理处：《西夏三号陵——地面遗迹发掘报告》，科学出版社，2007年。

[27] 参见陈彦堂：《汉魏时期低温铅釉陶器实用功能的初步探索》（待刊）。

① 汉代地层出的带釉筒瓦是钠钾碱釉而不是低温铅釉。

② 低温铅釉瓦和瓦当均出自该遗址的南汉地层而不是西汉。

以往的误解，源自对釉的属性和建筑构件的时代产生了严重误判。

四、纳尔逊-阿特金斯艺术博物馆收藏铅釉陶罍的可信度问题

前文已述，战国起源说者把纳尔逊-阿特金斯艺术博物馆收藏的战国绿釉陶罍作为重要证据。较早把该陶罍作为中国古代低温铅釉陶器来论述的，主要是日本学者。先是长谷部乐尔在其编著的《中国美术》系列之《陶瓷卷》中，收录该器并注明传出自洛阳韩君墓[28]。俟后，弓场纪知在其所著《汉代铅釉陶器的起源》一文中，把这件被认为属于战国晚期的文物，作为他中国铅釉陶器战国起源说的重要证据[29]。台湾学者谢明良在其相关论著中，引入了日本学者征引的资料和观点[30]。而此后中国大陆涉足低温铅釉陶器研究的学者，则对该陶罍的可信度表示存疑。所以在相关的讨论中，大陆学者甚少涉及该件陶罍。有学者把这种现象的产生归结为大陆学人的视野所限，但我更愿意相信是源自田野考古学家对文物资料出土背景的谨慎。由于该绿釉陶罍不是正式发掘出土品，其出土地有待科学辨析，出土单位无法确认。在这种背景下，研究对象的真伪、时代以及出土地都存在不确定性，故中国考古界对其辨伪、断代问题一直持比较谨慎的态度。尤其是洛阳金村文物的流失背景十分复杂，被冠以金村出土文物的甄别和辨伪一直是中国考古界议论的话题。因此之故，在无法亲临观看甚至无法获取更详尽资料的情况下，更不愿遽断。

台湾学者曾确表示"（弓场纪知）宣称纳尔逊美术馆和大英博物馆藏品传出土于洛阳金村、东京博物馆藏品传出土于安徽寿县，对此本文不予采信"[31]，率先对其出土地表示质疑。俟后，临淄齐故城战国铅釉陶罍的确认者立足于有准确出土地点和确切的考古层位关系的发掘资料，也基本否定了纳尔逊藏品出土地的可信性。作者指出："现存纳尔逊-阿特金斯艺术博物馆（Nelson-Atkins Museum of Art），相传出土于洛阳金村'韩君墓'。该器的形制、装饰、釉色等均与临淄出土釉陶罍存在较多的相似之处，当为同类器物。唯该器为双耳，临淄所出为四耳，耳的形制亦略有区别。洛阳是我国较早开展考古工作的地区之一，考古工作众多，在发表的考古资料中迄今未见同类器物出土。因此，传该器出自洛阳的说法只能存疑。"[32]

有鉴于战国晚期与西汉早期文化的延续性，尤其是在作为当时文化中心的河洛地区，从战国晚期到西汉前期的陶器形态演变比较缓慢，在缺乏明确的出土背景下，试图准确进行年代定

[28] 长谷部乐尔：《中国美术·陶瓷》，日本讲谈社，1973 年。

[29] 弓场纪知：《汉代铅釉陶器的起源》，《出光美术馆研究纪要》第四号，出光美术馆，1998 年，第 21～36 页。

[30] 谢明良：《中国早期铅釉陶器》，《中国史新论·美术考古分册》，联经出版公司，2010 年，第 55～110 页；谢明良：《中国古代低温铅釉陶器的世界》，石头出版股份有限公司，2014 年。

[31] 谢明良：《中国古代低温铅釉陶器的世界》，石头出版股份有限公司，2014 年，第 228 页。

[32] 郎剑锋、崔剑锋：《临淄战国齐墓出土釉陶罍的风格与产地——兼论我国铅釉陶的起源问题》，《华夏考古》2017 年第 2 期。

位是一件十分困难的事情，我一度对以纳尔逊陶罍来论定战国起源说比较谨慎，而倾向于用有明确出土单位的文物来做理论支撑。因此在文章中，我同样表达了这种谨慎态度："（战国）说的根据，是目前已流传至美国、英国和日本的据传是出自洛阳金村和安徽寿县的战国墓葬的几件铅釉陶器。另外，韩国某收藏家的藏品中，也有一件铅釉陶单耳杯，造型与上海博物馆收藏的原始瓷杯极为相似。但这几个案例均缺乏可靠的出土背景，其年代问题似不宜遽断。何况，战国晚期与西汉早中期的某些器形在无可靠出土资料的情况下是较难以区分的。故铅釉陶器起源于战国之说，目前尚缺乏足够的证据。"[33]

但很显然，与前述几位存疑的侧重点不同的是，我强调的是该陶罍的时代，而不是其出土地。

如果说，此前我对纳尔逊收藏的据传出土洛阳金村大墓的战国绿釉陶罍还心存疑虑的话，那么，临淄齐墓出土的绿釉陶罍，则把我的疑虑基本冰释了。临淄齐国墓葬战国陶罍甫一出土，我即寻求相关资料，将两者加以比对。比对的结果如下。

① 器物形态的一致性：两者均为广肩、鼓腹、圈足并带盖的球状轮廓，盖顶上均带有四个钮状捉手，明显是模仿青铜礼器的造型。

② 釉面的一致性：两者外表均施釉，釉色青中泛黄，有细碎开片，光照处有银釉闪烁。釉面不匀，局部有斑驳；胎釉结合不牢，局部有脱釉。

③ 胎体的一致性：两者露胎处，均显现出灰色胎体。这是目前所知年代最早的灰胎低温铅釉陶器，与两汉时期绝大部分呈现红色的胎体极为不同。

④ 烧成技法的一致性：从灰色胎体可以推测出两者均是在还原气氛中烧成的。而且还可以进一步推断，应该是和普通灰陶器甚至原始瓷器同窑，在同样烧成气氛中烧成的[34]。

⑤ 装饰的一致性：两者均是在肩部和上腹部各规划一条装饰纹带，装饰母题是战国时期青铜器上常见的蟠螭纹和云雷纹。

⑥ 出土环境的一致性：金村古墓均为"甲"字形大墓，有些还有殉马坑，属于高等级贵族甚至王室墓葬。临淄安乐店战国齐墓也是"甲"字形，全长超过20米，规模宏大，结构复杂，墓主人应是齐国的贵族[35]。

另外，两者之间还存在着产地一致的可能性。从前述诸方面判断，很有可能是同一个窑场烧造的。

据此，笔者对纳尔逊艺术博物馆收藏陶罍的基本判断如下。

---

[33] 陈彦堂：《关于汉代低温铅釉陶器研究的几个问题》，《古代文明》第 4 卷，文物出版社，2005 年，第 303～315 页。世纪之交，笔者在日本做学术交流期间，承蒙日本出光美术馆弓场纪知先生惠赠他所搜集的纳尔逊 - 阿特金斯艺术博物馆的低温铅釉陶罍资料的黑白复印件，后又承长期在美国纳尔逊 - 阿特金斯艺术博物馆工作的耶鲁大学教授杨晓能博士惠赠彩色照片，得以较详细了解该项资料。谨向弓场先生和杨晓能博士致谢。

[34] 崔剑锋先生对此也有相同的看法，参见郎剑锋、崔剑锋：《临淄战国齐墓出土釉陶罍的风格与产地——兼论我国铅釉陶的起源问题》，《华夏考古》2017 年第 2 期。

[35] 王会田、崔建军：《山东临淄市临淄区发现一座战国墓葬》，《考古》2008 年第 1 期。

年代：战国晚期；

釉的属性：低温铅釉；

归属与性质：上层贵族随葬品；

出土地：可能来自洛阳东周王室墓葬。

基于此判断，笔者认为，对纳尔逊艺术博物馆收藏陶罍的所有疑虑可以基本打消。临淄战国齐墓低温铅釉陶罍的出土，不是否定了或者取代了前者，而是从考古类型学的角度证实了此前对于其年代和性质的判断，两者之间是互证关系而不是否定关系。由此，也显示出了以此立论的战国说的学术预见性。

五、大英博物馆典藏战国陶罐的出土地问题

大英博物馆典藏战国陶罐也是被国内外研究者广泛举证的一件著名文物。因其与东京国立博物馆典藏的同类器物在外观上具有显著的一致性，日本学者也最早把该类文物进行汇集和比对研究。在日本学者的著作中，大英博物馆的该件陶罐被认为是据传出自洛阳金村[36]，此说被众多中国大陆学者和台湾学者辗转引用，是以在目前的汉语系著作中，相关论述均沿袭此说。

在进行中国古代低温铅釉陶器的分类和溯源的工作中[37]，出于谨慎，笔者对该件陶罐原始著录和出处进行了检索，惊讶地发现，在欧美学者的著作中，此器被认为出自河南浚县，而不是亚洲学者所说的洛阳。尤其是大英博物馆官方主持编纂的藏品图录[38]，其藏品的年代、出处、来历等信息应该是最接近档案的第一手的材料，应该比一般的著作或论文可信度更高一些。

检索河南浚县在1949年之前的考古发掘，较有影响的只有辛村一项[39]。而辛村的发音与金村非常近似，"辛"和"金"同韵且均为前舌音，对于非汉语母语的人来说，听、说、读都极易搞混。因此，入藏英国的辛村文物，被日本学者误听或者误译为金村出土是非常有可能的事。另一个非常值得关注的因素是，两者同属王室墓葬，而且洛阳金村文物流散范围包括日本、欧美众多国家，名噪一时，很多不属于金村的文物也被收藏者和待沽者附会为金村。大英博物馆这件陶罐被误认为金村出土，也有可能是被当时的交易者附会所致。同时，也与受到美国纳尔逊-阿特金斯艺术博物馆将其所收藏的类似器物归入传出金村有关。

事实上，即使是在盗掘事件发生的当时，怀履光就已经意识到了他所收购的所谓的金村大墓出土文物当中有很多是不可靠的，以至于他自己就列出了一份存疑的清单，瑞典学者高本

[36] 弓场纪知：《汉代铅釉陶器的起源》，《出光美术馆研究纪要》第四号，出光美术馆，1998年。

[37] 陈彦堂：《绘彩类低温铅釉陶器的初步探索》，"汉代西域考古与汉文化国际学术研讨会"论文，2012年。

[38] 参见 Shelagh Vainker. *Chinese Pottery and Porcelain.* The Trustees of British Museum、The British Museum Press, 1991, London. （承蒙旅英陶瓷学者、牛津大学考古学院李宝平博士惠赠该图录相关资料并见告，谨谢）。

[39] 郭宝钧：《浚县辛村》（考古学专刊乙种第十三号），科学出版社，1964年。

汉也指出怀履光著录中的可疑之处[40]。既往的金村文物群概念，大多是通过这种推测、附会的"加法"的途径所形成的，以至于越来越庞大杂芜。近年来，有中国学者提出，在"加法"已不可为的情况下，善用"减法"是接近真实金村器物群的必要途径[41]。大英博物馆收藏的这件陶罐，也许就为"减法"的应用提供了极好的案例。

循着这条线索和思路，再来观照美国纳尔逊-阿特金斯艺术博物馆的同类藏品，我们会发现这个误会还在延续，而且如出一辙。大英博物馆藏品之所以被有些学者误会成洛阳金村古墓出土，显然是受到了纳尔逊这一做法的影响。但大英博物馆本身却出言谨慎。因此在介绍该件陶罐的同时，该馆也把美国纳尔逊-阿特金斯艺术博物馆的同类藏品并列，明确指出是"另一个例证"，其中暗含的信息，恐怕不仅仅把两者归为同类同时代的器物，应该是包括了出土地，也就是说英国藏家在暗示与美国的藏品属于同一个出土地。事实上，大英博物馆的图录介绍中，把美国的藏品标注为Sedgsick的收藏，而大英博物馆自己的藏品，在相关的著录中也被注明是Sedgsick Collection[42]。两相对照，就明白无误地说明两者属于同一个收藏者，而且是同样的形制、同样的尺寸、同样的风格，缘何分属英美两家博物馆后出土地却分属浚县辛村与洛阳金村？很显然，误听、误译以及附会都可能是造成这一混乱的原因，但基本可以确定的是，这两件来自中国中原地区分藏大西洋两岸的彩绘铅釉陶罐，极有可能是出自辛村而被加入金村器物群的。明确了这一点，就应该采用减法，将其从金村器物群中剔除。

这件陶罐不是出自洛阳金村大墓的另一个旁证是，瑞典学者在进行远东古代玻璃器专题研究时也把该件陶罐列为讨论对象。在涉及该件陶罐时，作者仅仅很明确地注明是Sedgsick的收藏，而没有任何涉及金村大墓的信息。相反地，其他所有出自金村的资料，都有明确标识。设若该件陶罐属于金村大墓，作者不可能毫无提示甚至暗示[43]。

因此可以判断，大英博物馆典藏的这件战国彩绘类低温铅釉陶罐，经检索其藏品档案并结合考古学史资料，应该是出自河南浚县辛村，而不是洛阳金村。日本学者的误听或误译被中国学者误引，影响持续至今。

但是需要指出的是，20世纪30年代前后四次发掘的浚县辛村，文化内涵包括龙山文化晚期遗址和西周时期的卫国贵族墓葬，已经刊布的考古资料中并无东周时期的遗存，学术界对辛村的认识也仅限于西周时期的卫国。因此，大英博物馆入藏的这件被认为属于战国时期的彩绘陶罐，似乎应该与20世纪30年代原中研院史语所在浚县辛村的考古发掘主体内容无关。但实际上，据发掘者石璋如先生回忆，当年曾经发掘清理出随葬品丰富的汉代墓葬[44]。近年来新的考

[40] C.G.Seligman and H.C.Beck. *Far Eastern Glass: Some Western Origins*. The Museum of Far Eastern Antiquties Bulletin No.10, Stockholm, 1938. 感谢惠赠此资料的原瑞典远东博物馆馆长李东博士（Dr. Michel Lee）。

[41] 徐坚：《暗流：1949年之前安阳之外的中国考古学传统》，科学出版社，2012年。

[42] C.G.Seligman and H.C.Beck. *Far Eastern Glass: Some Western Origins*. The Museum of Far Eastern Antiquties Bulletin No.10, Stockholm, 1938.

[43] C.G.Seligman and H.C.Beck. *Far Eastern Glass: Some Western Origins*. The Museum of Far Eastern Antiquties Bulletin No.10, Stockholm, 1938.

[44] 陈存恭、陈仲玉、任育德：《石璋如先生访问记录》，《李济传》，商务印书馆，2021年。

古调查与发掘，也在辛村遗址新发现了丰富的东周时期遗存[45]，说明辛村一带出土战国两汉时期的文物是很正常的。而20世纪30年代初，浚县辛村的古墓葬盗掘异常猖獗，当地已经形成了"官匪勾结"的盗掘体系。连李济都感慨总部设在巴黎的古董商在中国北方各省都设立了分机关[46]。史语所之所以在辛村进行连续多年考古发掘，其中一个重要原因就是阻止当地的疯狂盗掘。这又从另一个侧面说明，战国两汉陶器在20世纪30年代从辛村盗掘并辗转流传到欧美，是完全有可能的。

六、北朝铅釉陶器烧造窑址的资料问题

近年来，河北临漳发现了一处名为曹村窑的古代窑址，调查者和试掘者均认为该窑址的烧造年代为北朝时期，并进一步断言，安阳北齐范粹墓出土陶瓷器应该是这个窑口的产品[47]。科技界也有人对样本进行了测试，确认了一批低温铅釉器皿[48]。果如是，则自应视为北朝低温铅釉陶器研究的重要资料，自然也是中国陶瓷史上的重要发现。因为迄今为止，唐代之前的中国古代低温铅釉陶器的烧造遗址，尚无一例明确的考古发现。曹村窑的发现一旦得到确认，必将是一项填补学术空白的成果。

但通过对已刊布的相关资料和论述的梳理分析，我个人认为，虽然曹村窑的资料对寻找北朝时期低温铅釉陶器的烧造地点提供了非常具有启发意义的线索，但相关论著在窑址的年代论定、出土文物的层位关系以及相对年代推定诸方面，曹村窑遗址的定性还有很多基础性工作有待展开，目前尚不具备认定为"经考古发掘的烧造低温铅釉陶器的北朝窑址"来看待的基本要素。更进一步地，以此来论定北朝时期低温铅釉陶器的生产工艺和技术指标，显然是缺乏坚实的田野考古基础的[49]。换言之，在目前资料的基础上，确认曹村窑是北朝时期烧造低温铅釉陶器的专业窑场，尚显言之过早。

首先，论者以曹村窑采集的酱釉碗与东魏高雅墓出土的天平四年（537年）酱釉碗造型一致为论据，认为"曹村窑的时代上限不会晚于东魏"[50]，这一表述，与考古学判定年代的逻辑

---

[45] 河南省文物考古研究院发掘资料。

[46] 李济：《河南考古之最近发现》，《李济文集》卷五，上海人民出版社，2006年，第10页。

[47] 王建保：《磁州窑窑址考察与初步研究》，李江：《河北省临漳曹村窑址初探与试掘简报》，均收入中国古陶瓷学会编：《中国古陶瓷研究》第十六辑，紫禁城出版社，2010年，第7、43页；王建保、张志忠、李融武，等：《河北临漳县曹村窑址考察报告》，《华夏考古》2014年第1期。

[48] 李国霞、赵学锋、李江：《新发现曹村窑三种釉色陶瓷的初步分析》，《中国古陶瓷研究》第十六辑，紫禁城出版社，2010年，第525页。

[49] 目前所见，以曹村窑为主要证据，来论述北朝时期低温铅釉陶器的生产工艺和产品特征的论著主要有：〔日〕小林仁：《北齐铅釉器的定位和意义》，《故宫博物院院刊》2012年第5期；〔日〕小林仁：《北齐邺城地区的明器生产及其系谱》，《中国古陶瓷研究》第十六辑，紫禁城出版社，2010年，第505～524页；谢明良：《中国古代铅釉陶器的世界》，石头出版股份有限公司，2014年，第77页。尤以小林仁对曹村窑发现的意义评价最高，他甚至推断说曹村窑址很有可能是北齐邺城的官营窑场。

[50] 王建保：《磁州窑窑址考察与初步研究》，《中国古陶瓷研究》第十六辑，紫禁城出版社，2010年，第7页。

恰恰相反。也就是说，如果器物比附成立，恰好说明曹村窑的年代上限不早于亦即相当于或者晚于天平四年而不是相反。其次，《河北省临漳曹村窑址初探与试掘简报》这个标题本身就不符合考古简报的基本要求，《简报》中没有发掘区位置图、发掘地点的平剖面图（经查，简报中的曹村窑剖面图实为文物勘探图，而非发掘简报必需的发掘探方剖面图），也确实缺少考古简报的基本要素。更加匪夷所思的是，所有的出土遗物均没有出土单位和器物编号，没有层位关系，其相对年代根本无法排序。尤其是具有重要年代意义的铜钱，无法从简报中得到任何出土单位的信息，因此也无法与任何遗物建立科学的关联关系。包括灰坑和窑炉在内遗迹单位，其使用年代和废弃年代均无法从层位关系中得到解释。

因此，通过已经发表的资料，很难把这次活动定义成科学的考古发掘。这两篇文章所刊布的资料，只能视为采集品，其结论也无法用科学考古发掘的方法去验证。同样，对该窑址标本的各项测试中，对象是曹村窑的八件标本，但均没有出土单位和出土层位，更没有器物编号，故测试结果与窑器物年代和窑址年代的推断之间，逻辑关系是不成立的。有鉴于此，我并不认为目前已经可以从考古学和科技检测角度认定曹村窑的北朝低温铅釉窑址属性。

考古发掘与田野采集最根本的区别在于遗物的原始层位关系，缺失了层位关系的文物，在考古资料的整理阶段一律会被归为采集品，这是田野考古的惯例和基本要求。因此，有关曹村窑的所有标本，目前看来均应被视为采集品，而不具备考古发掘出土品的基本属性。以此为论据所得出来的有关北朝时期低温铅釉陶器烧造地的观点和结论，至少是不严谨的。

必须指出的是，我们相信，以邺城为中心的河北南部与河南北部一带，既是北朝时期低温铅釉陶器集中出土的区域，也极有可能是重要的烧造区域，正如宿白先生对太原大同一代北朝墓葬出土低温铅釉陶器做出的"其产地应该在北齐北都附近"的科学预判[51]一样。我们同样相信，墓葬出土文物与田野采集文物所提供的线索，显示出在该区域取得学术突破、填补学术空白的极大可能性，包括曹村窑属于低温铅釉陶器专业窑场的可能性。但是，对于这种学术假说和学术预测进行证实的唯一途径，是科学严谨的考古发掘以及资料的整理和编写，在此基础上，从最基本最确凿的原始资料出发去申述学术观点，而不是舍本逐末。

附记：本文得到"郑州中华之源与嵩山文明研究会资助课题（课题编号Y2022-1）"资助，原刊载于《学而述而里仁——李伯谦先生从事教学考古60周年暨学术思想研讨会文集》，大象出版社，2022年。

本文在写作过程中及草成后，先后得到了中国社会科学院考古研究所白云翔先生和安家瑶先生、美国纽约大都会艺术博物馆孙志新博士、英国牛津大学李宝平博士、广州南越王宫署博物馆全洪先生、瑞典远东博物馆李东先生等师友的指教和帮助，在此谨申谢忱。

---

[51] 宿白：《太原北齐娄睿墓参观记》，《文物》1983年第10期。

釉　陶　概　论

何一昊

　　釉陶是指在陶器表面施以低温铅釉的陶器，以铅的化合物作为助熔剂，在800℃左右烧成。铅釉陶的种类十分丰富，有鼎、盒、壶、罐、仓、灶、井、炉、磨、建筑模型、动物俑、人俑等，涉及中国古代物质文化的方方面面，反映的社会现象十分丰富。

一、釉陶的起源

　　根据最新研究，釉陶起源于战国时期[1]。主要是因为淄博市临淄区战国晚期贵族中发现了两件釉陶罍（图1）[2]，有学者对其做了科学检测，明确了其出现年代与成分，并据此进行了科学探讨[3]。根据国外学者的研究，铅釉陶器在西方出现于东罗马帝国时期（公元前1世纪），至少比我国要晚100年[4]。2004年，江苏无锡鸿山越国贵族墓葬出土了彩绘琉璃釉盘蛇玲珑球（图2），在时间上为战国早期，是目前所发现的最早的一批铅钡硅酸盐体系低温釉陶[5]。但也有学者认为，临淄釉陶罍和铅钡釉陶胎蜻蜓眼流行于同一时代，因此这两类釉陶技术可能仅仅是平行发展关系[6]。

　　红陶镶嵌罐是于红陶胎上以低温铅釉"玻璃珠"进行装饰，其装饰效果更类似于彩绘琉璃

[1] 陈彦堂：《临淄出土战国铅釉陶罍及相关问题研究》，《中原文物》2021年第2期。

[2] 于焱、王晓莲：《山东临淄发现战国时期铅釉陶罍》，《中国文物报》2016年8月12日第6版。

[3] 郎剑锋、崔剑锋：《临淄战国齐墓出土釉陶罍的风格与产地——兼论我国铅釉陶的起源问题》，《华夏考古》2017年第2期。

[4] P.M.Rice. *Pottery analysis*. The University of Chicago Press, 2005, p7-9.

[5] 干福熹等：《中国古代玻璃技术发展史》，上海科学技术出版社，2016年。

[6] 郎剑锋、崔剑锋：《临淄战国齐墓出土釉陶罍的风格与产地——兼论我国铅釉陶的起源问题》，《华夏考古》2017年第2期。

图1　战国铅釉陶罍　　　　　　　　　图2　彩绘琉璃釉盘蛇玲珑球

釉盘蛇玲珑球，应属于战国时代，分别收藏于大英博物馆、美国波士顿美术馆、美国纳尔逊-阿特金斯艺术博物馆、日本东京国立博物馆、中国浙东越窑青瓷博物馆。可以作为铅釉陶器产生于战国时代的佐证。

有人认为，釉的发明与玻璃密不可分。就玻璃而言，古埃及和地中海的玻璃发明虽早，但我国的玻璃是独立产生的。西方玻璃器含钠、钙较多，为钠钙玻璃；中国则是含铅、钡较高的铅钡玻璃。考古发现的玻璃器来源复杂，仅广州发现的玻璃珠而言，就有国产、本地对西方同类产品的仿制与创新，从西方沿海路传入的三种[7]。

二、釉陶的发展

汉代是釉陶的发展期，随着社会经济发展，生活水平提高，釉陶也慢慢地发展起来了。大致可以分为三个阶段。

第一个阶段为西汉早期到西汉中期。釉陶器种类和数量都较少，多为壶、罐等。

第二个阶段为汉中期到新莽时期。铅釉技术迅速发展，关中、中原都发现有铅釉陶。复色低温铅釉陶器大量出现。器皿类釉陶器数量、种类增多，如几、杯、勺等。模型明器出现，如仓、灶、井等。

第三个阶段为整个东汉。釉陶技术进一步发展，在广西[8]、贵州[9]都有发现釉陶器。釉陶器皿用具种类有所减少，模型明器大量发现。河南、山西、陕西、甘肃等省的东汉墓葬，还出土有高楼、坞壁等建筑模型，反映了东汉时期豪强大族的奢华生活。

魏晋南北朝时期是釉陶的转折期。一方面，由于南方青瓷的兴起，逐渐代替了低温铅釉陶器，使得釉陶较为少见。另一方面，由于三国两晋时期战争频繁，主流意识形态提倡薄葬风气，釉陶的发展相对滞缓。

[7] 邝桂荣：《蜻蜓眼玻璃珠：广州汉墓里的特殊物品来自何方》，《美成在久》2020年第3期。

[8] 蓝武芳：《馆藏广西汉代陶制明器赏析》，《文物天地》2015年第7期。

[9] 毋静帆、陈美：《黔西南州博物馆馆藏黔西南地区东汉墓葬出土陶明器浅析》，《东方收藏》2020年第15期。

北朝时期，政权统一，社会稳定，尤其是定都平城后，工匠大量迁入，带来了先进的釉陶制作工艺，釉陶工艺才得以逐步恢复，并发展出新的面貌。随着波斯萨珊王朝等地区的金属器和玻璃器经西域传入我国，釉陶的艺术风格明显受到影响。釉陶在陶质、焙烧气氛、烧成工艺、釉彩诸方面出现了新的转变和工艺突破[10]。北齐库狄迴洛墓（562年）出现用瓷土作胎的铅釉陶器，意味着一个大转变。用瓷土作胎，胎色变白，施釉的艺术效果更美丽，这种釉陶在制瓷作坊里生产。瓷器在当时社会属高档产品，工艺要求比粗陶高得多，制瓷作坊生产釉陶，这就为釉陶的提高创造了条件。娄睿墓出土的釉陶又进了一步，在釉中挂上七道绿彩、七道黄彩，与唐三彩的艺术效果很相近。以后釉陶器在范粹墓（575年）、李云墓（576年）继续出现，到了唐代，绚丽多彩的三彩就大量生产了。这是釉陶工艺发展的一个重要环节[11]。

唐三彩问题受到的关注更广，专家学者意见颇多，在此不再赘述。

三、釉陶的作用

以往认为，釉陶基本只作为明器使用。但随着研究的深入、材料的增多，可能会有不一样的看法。

首先，在东汉有釉陶作为建筑构件使用。前已知最早的建筑用低温铅釉陶是天马—曲村遗址东汉地层出土的一件绿釉筒瓦，和"昀氏祠堂"瓦当一同出土，可能是祠堂使用[12]。云冈石窟窟顶西区北魏佛教寺院遗址共发现334件釉陶板瓦[13]。邺南城遗址位于河北省临漳县，系东魏北齐时期的都城，在其宫城[14]和郭城[15]都发现有釉陶瓦。及至唐宋辽金，亦可见釉陶建筑构件[16]。

其次，釉陶作为玩具使用。早在考古简报中，就有专家猜测釉陶俑为儿童玩具[17]。又有学者总结了儿童玩具的发现，并论证了微型釉陶俑性质，认为其即为汉代的釉陶儿童玩具[18]。如陕西省交通学校、雅荷城市花园（图3、图4）[19]等都发现有釉陶玩具。在房址中也发现有釉陶玩具，如汉杜陵邑厕所遗址的釉陶骑马俑[20]和洛阳中州路（西工段）汉代房址中的釉陶狗[21]。西安市汉长安城北宫一号建筑基址也可见H20∶12为釉陶玩具[22]。这些玩具都是西

[10] 张卉：《外来金属器及玻璃器对北朝釉陶艺术的影响》，《创意设计源》2017年第6期。

[11] 李知宴：《北朝陶瓷研究的新资料》，《文物》1983年第10期。

[12] 刘绪、徐天进、罗新，等：《1992年春天马—曲村遗址墓葬发掘报告》，《文物》1993年第3期。

[13] 云冈石窟研究院、山西省考古研究所、大同市考古研究所：《云冈石窟窟顶西区北魏佛教寺院遗址》，《考古学报》2016年第4期。

[14] 胡强：《邺南城东魏北齐宫殿琉璃脊饰及相关问题》，《文物世界》2020年第4期。

[15] 中国社会科学院考古研究所、河北省文物研究所、邺城考古队：《河北临漳邺城遗址核桃园北朝1、5号建筑》，《2015中国重要考古发现》，文物出版社，2016年。

[16] 唐启迪、郑建明：《21世纪以来建筑用瓷和釉陶窑址考古新进展》，《文物天地》2022年第6期。

[17] 俞凉亘：《洛阳北邙飞机场903号汉墓》，《考古与文物》1997年第5期。

[18] 宋远茹：《汉代釉陶玩具俑考证——以西安、洛阳地区出土微型釉陶俑为例》，《中原文物》2023年第5期。

[19] 西安市文物保护考古研究院：《长安汉墓》，陕西人民出版社，2004年，第253页。

[20] 陕西省考古研究院：《西安南郊缪家寨汉代厕所遗址发掘简报》，《考古与文物》2007年第2期。

[21] 中国科学院考古研究所：《洛阳中州路（西工段）》，科学出版社，1959年，第481页。

[22] 徐龙国、张建锋、刘振东：《西安市汉长安城北宫一号建筑基址》，《考古》2023年第10期。

图3 雅荷城市花园M35：12釉陶玩具　　　　图4 雅荷城市花园M35：27釉陶玩具

汉晚期到新莽时期的，尚未见东汉以后的釉陶玩具，但是唐代发现有唐三彩玩具[23]，本质也是釉陶。

目前看来，战国至魏晋时期，暂时没有釉陶壶、釉陶罐等器皿作为实用器的直接证据，目前的器皿类器物大多发现于墓葬。唐代以后，有釉陶器作为实用器的证据，如在隋唐洛阳宫城及附属小城、皇城、外郭城内，均发现唐三彩器物[24]。至于南北朝时期，暂无居址内发现釉陶器的证据，但是釉陶器的精美程度空前提高，有专家认为这个时期应已有釉陶器作为实用器的情况出现了。

最后，也是釉陶最广泛的用法，即作为明器使用。器皿是铅釉陶中出现最早、数量最多、持续时间最长的一类，这也是战国以来经常在墓中发现的明器类别，其中最常见的就是釉陶壶。古人认为"事死如事生，事亡如事存"，《荀子·礼论》所言"丧礼者，以生者饰死者也，大象其生以送其死也，故如死如生，如亡如存，终始一也"。尽量将死后的一切模拟生前。这种观念直接导致厚葬之风的盛行，这在客观上为模型明器的发展和演变起了推动作用。在汉代，发现了大量的釉陶水榭、阁楼、仓、灶、井、猪圈等，反映了社会财富的增长，也是地主庄园经济发展的写照。同时有做饭、烧烤、骑马、乐舞等场景，充满了生活气息，为我们展现了当时真实的生活场景，是不可多得的艺术珍品。

四、结语

综上所述，自战国时期铅釉陶诞生以来，随着社会经济的发展与"事死如事生"的丧葬习俗形成，釉陶器的种类与器型不断丰富，因时代发展及技术的进步，不断出现新的品种。就作用而言，釉陶明器发现得最多，可以确定战国至魏晋时期有釉陶玩具和建筑构件，唐代有釉陶实用器。这些釉陶器既反映了釉陶技术的变化，又反映了古人的审美取向和社会风尚。

[23] 刘建洲：《巩县黄冶窑唐三彩玩具的艺术特点》，《中原文物》1984年第2期；张全民：《西安西郊热电厂出土的唐三彩玩具》，《文博》2008年第1期。

[24] 中国社会科学院考古研究所：《隋唐洛阳城：1959—2001年考古发掘报告》，文物出版社，2014年。

西晋釉陶的发展及其地位

任志录

东汉灭亡以后，曹魏新制使得汉代礼仪发生改变，到西晋时国家一统，又开始恢复汉代的传统，出现晋制。曹魏的新制表现在墓葬上就是薄葬，晋制就是在曹魏制度基础之上提倡薄葬。但是晋制反映在釉陶上，却是一个恢复的时期。西晋（266～317年）共有51年，是一个相对短暂的大一统王朝，其釉陶遍布的区域相对较大，有甘肃嘉峪关、山东临沂、北京、辽东、山西太原及其周边、河南洛阳、江苏南京地区。相对于之前的三国和之后的十六国，西晋釉陶处于一个高潮时期。关于三国、魏晋、十六国、北朝的研究以往已经取得诸多成果。日本的佐藤雅彦以铅釉陶的研究为例，将北魏司马金龙墓的铅釉陶俑当作汉代釉陶的延长，并将范粹墓的铅釉陶当作"先唐三彩"[1]。李知宴当年已经认识到"北方的魏、西晋墓葬中没有发现釉陶，……但是，釉陶和瓷器在工艺上联系十分密切，不可能在瓷器迅速发展的时期，釉陶长期消失"。李知宴认为北燕太平七年（415年）冯素弗墓出土的釉陶壶"是三国以后北方发现最早的釉陶器"[2]。之后，谢明良对三国、西晋、十六国到北朝釉陶做了系统的研究，认为釉陶在北方是持续生产的，而且将这一话题提升到了一个新阶段[3]。森达也重新诠释了西晋到北齐间，中国北方铅釉陶发展的内在谱系[4]。曾裕洲对西晋釉陶做了比较细致的讨论，但是只关注

[1] 佐藤雅彦：《オリエント、中国における三彩陶の系谱》，《东洋陶磁》（第1卷），株式会社講談社，1982年，第14页。

[2] 李知宴：《三国两晋南北朝的陶瓷的成就》，《中国釉陶艺术》，轻工业出版社、两木出版社，1989年，第98～100页。

[3] 谢明良：《记晋墓出土的所谓绛色釉小罐》，《故宫文物月刊》1991年第5期；谢明良：《魏晋南北朝铅釉陶器诸问题》，《中国古代铅釉陶的世界——从战国到唐代》，台湾石头出版有限公司，2014年，第54～84页。

[4] 森達也：《南北朝时代の华北における陶磁の革新》，《中国☆美の十字路展》，大広，2005年，第259～263页。

了河北和山东地区的釉陶，对其他地区未曾措意[5]。这些讨论虽然对西晋釉陶有所涉及，甚至特别注意到其中的无系罐，但大多处于概略状态，或者集中于北朝后期的釉陶，专门区分时代并细化的讨论依然处于空白状态，这是囿于出土资料的限制，当然也受限于资信的传播困难。随着近年来新资料的不断增加，对西晋釉陶的研究展示出一个新的图景。本文专门讨论西晋时期的釉陶，方法是分区域考察釉陶的发现，继而讨论西晋釉陶的类型特征，并评价其在釉陶史上的地位。

一、西晋釉陶的考察

1. 西晋嘉峪关釉陶

1977年甘肃酒泉到嘉峪关之间的魏晋墓群观M11出土釉陶罐2件，其中观M11：69，高7.5、口径2.6、高5.8厘米，口部微侈，圆唇，细短颈，折肩形扁腹，肩上两道旋纹，酱褐色釉（图1-1）。另一件釉陶罐观M11：68，高7.5、口径4.4厘米（图1-2）。原报告标年为西晋时期[6]。同墓群的观M9墓也出土了一件绛色釉陶壶。1973年嘉峪关新城魏晋墓出土双耳釉陶罐，高4.8、口径2.7、底径2.5厘米，直领直口，鼓肩形扁腹，肩部对称两个桥形耳，黑釉，釉质细腻，光泽明亮（图1-3）[7]。西晋时期甘肃釉陶仅见于嘉峪关一带，数量不大，仅见罐类，有无系和双系之异，有酱黄釉和黑釉之别，红胎。

2. 西晋山东釉陶

山东临沂洗砚池西晋太康十年（289年）墓M1出土釉陶器11件。东室出土无系罐3件，M1东：19，口径2.5、底径3.3、高5.2厘米（图2-1）。西内室出土无系罐3件，M1西内：15，口径2.1、底径3、高4.7厘米，平沿，束颈，鼓腹口部微侈，圆唇，细短颈，折肩形扁腹，肩上两道旋纹，平底微内凹，红褐色胎，通体施酱色釉。底有三枚支钉烧痕，口沿上有釉瘤

图1　西晋嘉峪关釉陶

[5] 曾裕洲：《十六国北朝铅釉陶研究》，台北艺术大学学位论文，2014年。
[6] 甘肃省博物馆：《酒泉、嘉峪关晋墓的发掘》，《文物》1979年第6期。
[7] 嘉峪关长城博物馆网站。

图2　西晋山东临沂洗砚池釉陶日用器与俑组合

（图2-2）。西室出土酱黑釉壶2件，M1西：34为直领直口，口径3.3、底径4.4、高4.5厘米（图2-3）。M1西：9，口径7.6、底径6.6、高14厘米，造型优美，制作精良。肩饰芝麻花联珠纹和斜网格纹，还有一件双系酱釉罐M1东：15（图2-4）。另有一件酱釉砚滴，长10、宽5.8、高5.7厘米（图2-5）。青绿釉鼠（M1：68），长4.2、宽2、高1.9厘米（图2-6）。施青釉微泛黄，釉面光亮。该墓为西晋时期的大墓，出土有陶器、瓷器、铜器、铁器、金器、玉器、漆器等共273件（套），均精美上乘，非很高等级的墓主不能拥有。由于漆碗外底朱书文字最晚为太康十年（289年）字样，所以可以确定为西晋墓葬，墓主人骨架经检测为2～7岁的未成年人。山东临沂洗砚池西晋墓M2出土一件黄釉灯M2：12，通体施黄釉，上口径9.7、底口径14.5、底径9、通高14.6厘米（图2-7）[8]。另外以上两座墓还出土了大量精美的越窑青瓷器。

　　山东邹城西晋永康二年（301年）刘宝墓出土釉陶器10件。釉陶樽（M1：100），口径18、通高15厘米，方唇，平底，直筒形器身，下附三蹄状足。沿下有两道凹弦纹，胎体较厚，釉色呈黄褐色，晶莹明亮（图3-1）。樽内有一勺M1：100-1，通体长18厘米（图3-2），头呈圆形柄细长，勺头与柄呈直角状，柄头为三角形，通体施酱黄釉。釉陶壶1件M1：8，口径5.7、通高9.6厘米，敞口，方唇，细颈，广肩，收腹，平底。肩上施两周戳印纹，红陶胎，外施红褐色釉（图3-3）。釉陶罐4件，M1：112-1，口径2.2、通高5.6厘米，敞口，细颈，圆肩浅腹，平底，内外施酱黄色釉，内盛黑色粉末状颜料；M1：112-2、3，2件，形制相同，通高4.6厘米，内盛朱红色粉末颜料；M1：112-4，1件，口径2.2、通高4厘米，敞口，广肩收腹，平底，外施青灰色釉，内盛铅白色粉末状颜料（图3-4）。原报告命名为小壶。这4件罐出土于东耳室漆奁内（内还有铁镜一面）。釉陶熏1件M1：35，盘径10.5、底径13.5、通高20.4厘米，

[8] 冯沂：《山东临沂洗砚池晋墓》，《文物》2005年第7期。

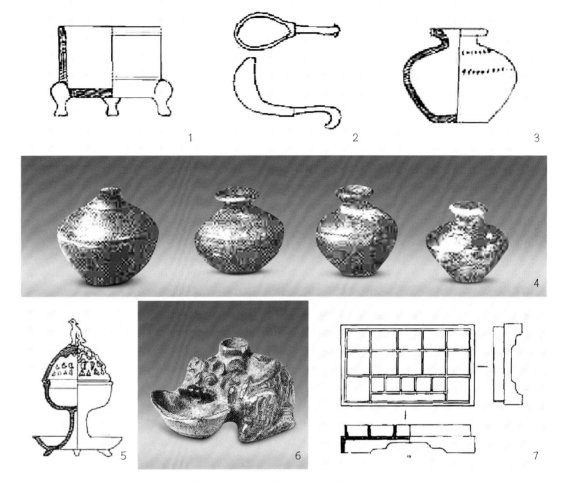

图3　山东邹城西晋永康二年（301年）刘宝墓釉陶日用器与文房四宝组合

下为圆形托盘，三足中竖一空心柱，上承接钵形炉体，子母口，上为镂空博山形炉盖，顶端一凤鸟（已残），通体内外施酱黄色釉，制作精致（图3-5）。釉陶兽形砚滴，1件，M1∶26，通高5厘米，背上有圆筒状口，口衔一耳杯，双竖耳，圆目，造型生动（图3-6）。釉陶榼M1∶68，长66.2、宽20.3、通高7.4厘米，通体施黄褐色釉（图3-7）[9]。

山东邹城西晋永康二年（301年）刘宝墓出土了较多器物，有陶器、铜器、釉陶等，釉陶均为日用器，其中有日常用品、文房器、熏香器乃至化妆器。引人注目的是相同的四个罐子内装有粉末，而且出土量较大。可以看出属于西晋时期山东地区随葬釉陶器物类型较多的墓葬。墓志铭文"侍中、使持节、安北大将/军、领护乌丸校尉、都督/幽并州诸军事、关内侯/高平刘公之铭表。/公讳宝，字道真，/永康二年正月……/二十九日……"，墓主刘宝本人属于安北大将军或者关内侯，属于贵族和高级官员。

山东地区3墓出土釉陶器21件，组合有两种，一种是如有系罐、无系罐、灯与文房用具的日用器组合，另一种是如罐、樽与文房器熏香器和化妆器的日用器组合，其中樽、勺、香熏、榼、

[9] 山东邹城市文物局：《山东邹城西晋刘宝墓》，《文物》2005年第1期。

水滴为东汉以来的传统釉陶器物，而小鼓肩罐则是西晋特征的时代器物，而且两墓出土罐的器形相同，一组四件罐也属于特别情形。文房用具和熏香器称为山东釉陶的特点，不见明器。

3. 西晋北京釉陶

北京地区西晋出土釉陶墓葬如下。

（1）单件双系罐组合

1981年北京市文物工作队在顺义县大营村东北部发掘了8座西晋时期的砖室墓葬，其中出土一件釉陶罐（M5∶2）（图4）。同墓群M8出土的"泰始七年（471年）"纪年铭文砖为这批墓葬的断代提供了明确的依据，论者认为是较为典型的西晋早期墓葬[10]。虽然泰始年号只有六年，但是信息迟滞是古代常有的状态。

（2）器物与器皿组合

1997年北京石景山区八角村西北部清理了一座砖室墓，釉陶有10件左右。棕色釉陶屋顶1件，通高7、宽17、深15厘米，脊两端为三角形装饰，似是楼阁或房舍模型构件之一。黑棕色釉陶九连灯1件，残，灯身与灯碗已散脱，通高26.3厘米，上径4.6、下径8.5厘米（图5-3）。釉陶壶2件，其中1件黄褐色，通高6厘米，敞口、短颈、纵扁腹，腹径6.5厘米，肩、腹部印有弦形带纹（图5-1）；另1件灰色，通高6、腹径6.5厘米（图5-2）。釉陶勺1件，长15厘米（图5-4）。黑棕色釉陶灶1件，高9、长25、宽18厘米，三眼（一大二小），大眼内径约6.5、小眼内径2.3厘米，灶面上左侧印2勺，右侧印一钩一铲（图5-5）。另有釉陶盘、盆等残片十余件。原报告年代为魏晋时期[11]，胡传耸认为属于西晋晚期[12]。

（3）日用器物、明器和俑组合

1990年北京房山小十三里村西晋砖室墓，出土釉陶6件。食盒、羽觞、盘、武士俑、樽，但是没有详细数字[13]，胡传耸认为与《北京市出土文物》一书中的同地出土6件釉陶为同墓，为西晋晚期。这些器物是：褐黄釉樽，高13.5、口径17.2厘米（图6-1）；褐黄釉陶罐高7.5、

图4　北京顺义大营村西晋墓釉陶双系罐

[10] 北京市文物工作队：《北京市顺义县大营村西晋墓葬发掘简报》，《文物》1983 年第 10 期。

[11] 石景山区文物管理所：《北京市石景山区八角村魏晋墓》，《文物》2001 年第 4 期。

[12] 胡传耸：《北京地区魏晋北朝墓葬述论》，《文物春秋》2010 年第 3 期。

[13] 朱志刚：《房山区小十三里村西晋墓》，《北京考古信息》1991 年第 1 期。

图5　北京石景山西晋墓釉陶器物与器皿组合

宽6.3、长26.8厘米（图6-2）；褐黄釉陶耳杯，高3.3、长11.4、宽8.3厘米（图6-3）；褐黄釉陶鸭形勺高5.4、长10.6厘米（图6-4）[14]。另有釉陶俑2件（图6-5、6）。

1962年北京市文物工作队在西郊西北部景王坟清理了2座西晋时期的砖室墓葬M1、M2，原报告未曾将两墓遗物分开，出土器物以陶器和釉陶器为主。釉陶牛车2件（两墓各1件，无图），釉陶车夫俑2件（两墓各一件），分别高19和20.5厘米（图7-8）。釉陶灶各一件，1号墓釉陶灶高9、长15.8、宽12.2厘米（图7-6、7）。1号墓釉陶榼长26、宽17.5、高5.2厘米（图7-1），1号墓釉陶盘口径15.5厘米，1号墓釉陶奁高15.5、口径14.4厘米（图7-3），1号墓釉陶勺长12.6厘米。2号墓扁壶2件，高13.4、宽11.5厘米（图7-2），2号墓广口罐高11.5、口径9厘米（图7-4）。2号墓盆高7.5、口径19厘米，底、腹有烟熏痕（图7-5）。这批釉陶均为红胎青黄釉。另有陶器如鬲、壶、井等，陶俑如牛俑、马俑、鸡俑，另外还出土铜镜1件、铜铃1枚、铜钱数枚。M2出土铜钱中含有"直百五铢"，故此墓年代为西晋[15]。张小舟以为这类墓葬的年代应该为西晋晚期，在泰始年号之后[16]。

[14] 北京市文物研究所：《北京市出土文物》，北京燕山出版社，2005年，第256页；宋大川主编：《北京考古发现与研究》（上），科学出版社，2009年，第193、194页。

[15] 北京市文物工作队：《北京西郊发现两座西晋墓》，《考古》1964年第4期。

[16] 张小舟：《北方地区魏晋十六国墓葬的分区与分期》，《考古学报》1987年第1期。

图6　北京房山小十三里村西晋墓日用器物、明器和俑组合

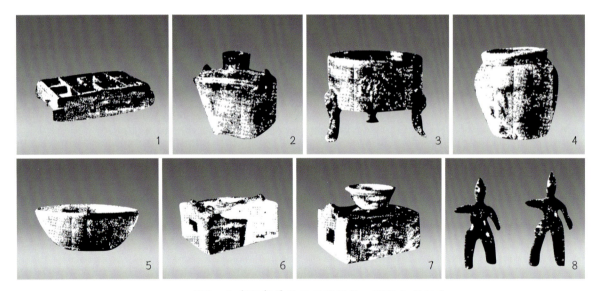

图7　北京西郊景王坟日用器物、明器和俑组合

　　这5座墓的釉陶近30件，有日用器物，如樽、罐、扁壶、槅、碗、耳杯、鸭勺，明器灶和武士俑，即日用器、明器和俑组合，这是西晋时期组合最为齐备的墓葬。可惜没有证据证明这些墓葬的级别有多高。

　　西晋北京釉陶的组合齐备是主要特征，仅见双系罐和侈口罐与其他地区所见相同。

　　依照丁利娜对北京地区魏晋北朝墓葬的分期为9期："曹魏后期约在3世纪40至60年代早期，西晋早期年代在3世纪60年代中期至70年代，西晋中期在3世纪80年代，西晋晚期在3世纪

90年代至4世纪初。十六国时期未发现纪年墓葬，约在4世纪前期至5世纪前期。北魏前期在建国至定都平城前期，年代约4世纪80年代至5世纪50年代。北魏中后期在定都平城后期至迁都洛阳期间，年代约5世纪60年代至6世纪20年代。东魏时期墓葬年代在6世纪三四十年代。北齐时期墓葬年代在6世纪五六十年代。"[17]北京地区这一时期的墓葬共计118座，其中出土釉陶的墓葬中，三国时期1座，西晋5座，十六国南北朝未见。那么釉陶在北京地区最早出现在三国时期，也就是第一期仅限于个别类器物，数量和类型比较少。到西晋时期也就是第二到第四期，釉陶的数量相对于同期其他地区数量最大，品类也最齐全，主要表现在日用器、明器和俑类均齐备。进入十六国时期、北魏到北齐时期也就是第五到第九期墓葬很少，均未见釉陶[18]。可见，北京的釉陶生产在西晋时期达到一个高潮，而十六国到南北朝时期整体性衰落。

4. 西晋山西釉陶

山西距长安、洛阳较近，地理位置重要，所以釉陶在东汉时期的山西多有出现，主要集中在晋南、太原、长治一带，三国魏、十六国时期未见釉陶。2000年太原市尖草坪太原钢铁集团有限公司21宿舍区西晋墓出土一件釉陶罐，标本T2000TGXJM19，口径12、肩径24、底径12、高21.5厘米。内外都饰有一层酱黄釉，四系耳。高直口微内敛，方唇，圆肩，斜弧腹近直，平底，胎为泥质红陶（图8-1）[19]。这种罐是西晋时期的典型器。2015年晋阳古城2号建筑遗址出土釉陶罐，高8.8、口径5.2厘米（图8-2）。2015年晋阳古城2号建筑遗址出土釉陶盆，高11.2、口径28.8厘米（图8-3）。原文标年魏晋十六国[20]，笔者根据其形制与咸阳师专西晋墓出土釉陶盆（师M6：3）相同，将其列入西晋时期。谢明良注意到了山西忻州田村所谓东汉墓出土的黄釉狮形砚滴为西晋时期。该砚滴通长12.5、宽5.5、高6.5厘米，现藏于忻州市博物馆（图8-4）[21]。该砚滴与山东邹城西晋永康二年（301年）刘宝墓釉陶砚滴（M1：26）的形制、装饰纹样均相同，故列入西晋时期。2018年太原尖草坪区镇城西晋墓23号墓、25号墓出土器物组合几乎相同，陶器有帐座、灯盏、罐、碗、灶、釜、井，并各有黄釉小罐1件（图8-5）。这两座墓出土的黄釉小罐与山东临沂洗砚池西晋太康十年（289年）墓M1西内：15、洛阳西晋墓M27：16等无系釉陶罐相同。

[17] 丁利娜：《考古所见魏晋北朝时期的文化融合——以北京地区墓葬材料为中心》，《中华民族共同性研究》2023年第3期。

[18] 北京市文物研究所：《延庆县东王化营魏晋十六国墓葬发掘报告》，《北京考古》第2辑，北京燕山出版社，2008年；北京市文物研究所：《岩上墓葬区考古发掘报告》，《北京段考古发掘报告集》，科学出版社，2008年，第4～9页；北京市文物管理处：《北京王府仓北齐墓》，《文物》1977年第11期；北京市文物工作队：《北京郊区出土一块北齐墓志》，《文物》1964年第12期；北京市文物研究所：《北京市大兴区三合庄东魏韩显度墓》，《考古》2019年第9期；北京市文物研究所：《小营与西红门》，上海古籍出版社，2018年，第10页；北京市文物研究所：《北京延庆西屯墓地（西区）发掘简报》，《北京文博》2012年第4期；倪润安：《北京石景山八角村魏晋墓的年代及墓主问题》，《故宫博物院院刊》2012年第3期等。

[19] 太原市文物考古研究所：《文物》2003年第3期。图片为作者2023年12月5日参观太原市博物馆时拍摄。

[20] 太原市文物考古研究所：《晋阳遗珍》，三晋出版社，2021年，第22、23页。

[21] 忻州市文物管理处：《忻州市田村东汉墓发掘简报》，《三晋考古》2006年第3期。图片来自忻州市博物馆网站。

图8　西晋山西釉陶

　　山西地区的釉陶器物有6件，有四系罐、双系罐、无系罐、盆、砚滴，器物类型与洛阳、山东地区相同。太原晋阳古城遗址所见表明釉陶是实用器。

5. 西晋辽宁釉陶

　　辽宁地区所见釉陶有沈阳市东郊伯官屯魏晋墓M5出土一件黄褐色满釉陶双耳小罐，高6.5、腹径7.6厘米。该罐与一件铜镜、漆盒一并放于一件漆奁内，红胎，黄褐色满釉，原文定为魏晋时代（图9-1）[22]。辽阳三道壕晋墓8号墓出土一件釉陶无系罐，高3.1、口径1.8、腹径3.5、底径1.3厘米（图9-2）。另有一件双耳壶，高6.8、口径3.3、腹径8.4、底径4.4厘米，肉红色胎，酱褐色釉，满釉，底下三支钉，原文标年西晋（图9-3）[23]。朝阳北票章吉营子北沟M8出土一件三系黄釉陶罐，口径4.2、底径5.5、高9厘米，原文标年为西晋（图9-4）[24]。朝阳北票喇嘛洞墓地共有4墓出土釉陶罐4件，其中釉陶四系罐IM30，口径4.5、腹径11.8、高9.4厘米（图9-5）。酱黄釉陶四系罐IIM64，口径4.4、腹径13、高10.5厘米（图9-6）。原文标年在4世纪早期[25]。朝阳十二台乡砖厂三号墓釉陶双系罐1件，口径0.9、通高3.6、底径3.1厘米（图9-7）。红褐陶胎，质地细腻，内外均挂较纯净的酱红釉。小口，圆腹，平底内

[22] 沈阳市文物工作组：《沈阳伯官屯汉魏墓葬》，《考古》1964年第11期。

[23] 王增新：《辽阳三道壕发现的晋代墓葬》，《文物参考资料》1955年第11期。

[24] 辽宁省博物馆：《龙城春秋——三燕文化考古成果展》，文物出版社，2021年，第49页，图030。

[25] 辽宁省文物考古研究所：《三燕文物精华》，辽宁省人民出版社，2002年，图144～147。

图9 西晋辽宁釉陶

凹，肩上部粘结一对假耳（已掉），耳下施一道凹弦纹。原报告定年在魏晋时期[26]。朝阳十二台乡砖厂二号墓釉陶双系小罐，口径4.8、通高6.2、底径4.8厘米（图9-8），细泥灰陶胎，里外均挂黄绿色釉，轮制。口沿微侈，短颈圆腹，平底微凹，桥形双耳。原报告定年在魏晋时期[27]。

辽宁9墓出土釉陶器10件，均为罐类，有无系罐、双系罐和四系罐。所见釉陶在沈阳、辽阳、朝阳。形制的共同点，多为折肩、直领、直口，红胎褐黄釉，黄褐色满釉，底部有三个支点痕，有无系、双系、三系、四系。原文标年基本在西晋或魏晋时期，彭善国将这类器物分在A组，时间定在魏末到西晋时期[28]。根据折肩收腹罐在西晋时期的普遍流行，笔者将其时代定在西晋时期。

6. 西晋洛阳釉陶

洛阳地区的釉陶根据张鸿亮的统计，截至2016年底，西晋墓约361座，其中公布材料的260余座[29]，出土釉陶器25件。洛阳地区是西晋的都城，就全国来看，是墓葬最多的地区，其中出土釉陶的墓葬也比较多。

（1）单件釉陶罐组合

单件釉陶的墓葬均为无系罐。

河南偃师查园村的西晋墓酱釉罐（M34：41），口径2.1、底径2.8、高4.8厘米，小口高领，宽肩浅腹，平底，颈腹施弦纹数周（图10-1）[30]。洛阳厚载门街西晋墓褐

[26] 李宇峰：《辽宁朝阳两晋十六国时期墓葬清理简报》，《北方文物》1986年第3期。

[27] 李宇峰：《辽宁朝阳两晋十六国时期墓葬清理简报》，《北方文物》1986年第3期。

[28] 彭善国：《3—6世纪中国东北地区出土的釉陶》，《边疆考古研究》2008年第1期。

[29] 张鸿亮：《洛阳地区汉晋墓研究》，郑州大学博士学位论文，2017年。

[30] 中国社会科学院考古研究所河南第二工作队：《河南偃师查园村的两座魏晋墓》，《考古》1985年第8期。

釉罐（CM3032：14），腹径5.5、底径3、高4厘米，口残。鼓腹平底，外施红褐釉，腹饰两道弦纹，原报告定名瓷罐（图10-2）[31]。河南洛阳市关林路南西晋墓釉陶罐（C7M3737：530），口径2、底径3、高5.2厘米（图10-3）[32]。河南新安县晋墓酱色釉罐（M27：16），敞口，束颈，折肩，平底，在颈下及腹上部有几周凹弦纹，通身施棕黄色釉，白胎，口径2.2、腹最大径5.6、底径3.4、高4.8厘米，原报告定名为盂（图10-4）[33]。洛阳西晋永宁二年（302年）墓M22出土绛色双耳罐，高11厘米。同墓群墓M22出土釉陶小壶多件，最大者高9厘米，小者只有6厘米左右，一般多近4厘米。原文描述为釉陶"每墓一件者居多，只有1墓是出两件的"。原报告没有器物编号，查墓葬出土遗物图，也未知共出土多少件釉陶[34]。洛阳西郊晋墓也出土过一件绛色釉小壶[35]。洛阳偃师华润电厂西晋墓出土釉陶罐3件，其中酱釉无系罐2件，M74：1、2，口径3.2、腹径9.8、底径4.4、高10厘米（图10-5）[36]。酱釉三系罐M29：1，口径2.05、腹径7.2、底径3、高6.6厘米（图10-6）[37]。酱釉双系罐M68：6，口径5.8、腹径10.4、底径5.2、高8.8厘米（图10-7）[38]。

图10　西晋洛阳单件釉陶罐组合

[31] 洛阳市文物工作队：《洛阳厚载门街西晋墓发掘简报》，《文物》2009 年第 11 期。

[32] 洛阳市文物考古研究院：《河南洛阳市关林路南西晋墓》，《考古》2015 年第 9 期。

[33] 洛阳市文物工作队：《河南新安县晋墓发掘简报》，《华夏考古》1998 年第 1 期。

[34] 河南省文化局文物工作队第二队：《洛阳晋墓的发掘》，《考古学报》1957 年第 1 期。

[35] 考古研究所洛阳发掘队：《洛阳西郊晋墓的发掘》，《考古》1959 年第 11 期。

[36] 洛阳文物考古研究院：《偃师华润电厂考古报告》，中州古籍出版社，2012 年，图版十四，4。

[37] 洛阳文物考古研究院：《偃师华润电厂考古报告》，中州古籍出版社，2012 年，图版十四，1。

[38] 洛阳文物考古研究院：《偃师华润电厂考古报告》，中州古籍出版社，2012 年，图版十四，3。

以上10座墓葬中出土釉陶器物有6个相同的无系罐、2个双系罐、1个三系罐，这些罐具有基本相同的形制特征，侈口，圆唇，短细颈，鼓腹，平底，颈部下方和肩部均有两道旋纹。虽然对釉色的描述有酱色、绛色、棕黄色等，但实际上均为一种酱色微红的色泽，满施釉，器底均有3个支烧点，红胎。其中西晋永宁二年（302年）为纪年墓，为这类器物确定了标型器。而且相同的形制还见于甘肃嘉峪关、辽宁和山东，构成西晋时期特有的一种器型。

（2）有系罐组合

这种组合仅为有系釉陶罐组合。

洛阳谷水晋墓出土釉陶罐2件，标本M4：13，口径6.2、腹径12.2、底径6.4、高9.8厘米，敛口，鼓腹，肩部有对称双系，饰凸弦纹一周，底内凹（图11-1）。标本M4：14，口径6.8、腹径10.5、底径5、高9.1厘米，表面施釉，直口，鼓腹，肩部有四系，饰凸弦纹一周，平底（图11-2）[39]。这两个罐的形制相同，直领直口，鼓腹，只是双系与四系的不同。

（3）无系罐与有系罐的组合

洛阳孟津朱仓西晋墓出土釉陶器3件，器型有罐、壶，均为红胎，酱釉。其中罐2件。标本M19：6，口、颈残。鼓腹，平底，肩部有三系。腹部饰一周凹弦纹。腹径5.4、底径2.5、高4厘米。标本M62：1，有开片。直口，圆唇，矮领，丰肩，圆鼓腹，平底。肩部有三系，并饰凸棱一周。口径7、腹径14、底径6.3、高12厘米（图12-1）。壶1件（M64：6），口径4.6、腹径13.8、底径7、高12.6厘米。口沿微卷，圆唇，束颈小口，丰肩，斜腹，平底。颈、腹部饰三周凹弦纹，内盛红漆状物（图12-2）[40]。洛阳衡山路西晋墓釉陶罐3件，通体施酱色釉。其中DM118：14，口径4、腹径7.2、底径2.6、高6.2厘米（图12-3），直口，圆唇，鼓腹，平底，肩部三系，系间饰弦纹一周。DM118：22，口径7.5、腹径20.8、底径10.5、高18.7厘米（图12-4），敞口，卷沿，束颈，鼓腹，平底，颈下饰凹弦纹两周，腹部饰巴弦纹一周。DM118：24，口径14、腹径25、底径12厘米，残直口，圆唇，鼓腹，平底内凹，肩部残留一耳，耳际饰弦饰一周[41]。河南巩义市北窑湾晋墓出土釉陶器3件，釉陶罐三系罐2件，其中M20：4，口径6.5、底径5.8、高10厘米，形制与衡山路西晋墓罐相同。无系罐1件

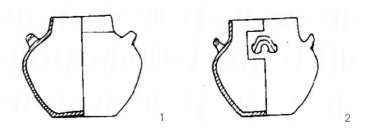

图11 西晋洛阳釉陶有系罐组合

[39] 洛阳市第二文物工作队：《洛阳谷水晋墓》，《文物》1996年第8期。

[40] 洛阳市文物考古研究院：《洛阳孟津朱仓西晋墓》，《文物》2012年第12期。

[41] 洛阳市第二文物工作队：《洛阳衡山路西晋墓发掘简报》，《文物》2005年第7期。

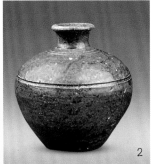

图12　西晋洛阳釉陶无系罐与有系罐的组合

（M20 : 7），口径2.6、底径2.7、高4.8厘米，形制与衡山路西晋墓罐相同。原报告定为西晋[42]。

以上三墓出土的有系罐与无系罐的组合，均有1个无系罐，其中两墓有2个有系罐，一墓有1个有系罐，无系罐、有系罐与上述器形相同。这3座墓葬分别位于洛阳市区、孟津县和巩义市，但器物形制、组合相同，表明这是西晋时期流行的一种时尚。

（4）釉陶盘、耳杯、罐组合

洛阳谷水晋墓（FM5）出土釉陶器5件。盘2件，形制相同，敞口，圆唇，口沿略外卷，平底，盘内有凸弦纹两周，通体施酱色釉，底有三支钉痕。其中M5 : 4，口径13.3、底径9.2、高1.8厘米（图13-1）；M5 : 2，口径18.4、底径12.2、高2厘米。耳杯2件，椭圆形口，两侧有耳，平底通体施酱色釉，底有三支钉痕。耳杯2件，其中M5 : 7，口径6.6～12.9、高4厘米（图13-2）；M5 : 5，口径7～12.3、高4厘米。罐（M5 : 40），口径4.6、腹径9.6、底径5.8、高9厘米，通体施酱釉（图13-3）。原报告认为是西晋晚期，标志是牛车出现[43]。

（5）双灯组合

这类仅见于一对釉陶灯。

洛阳市区晋墓HM719出土釉陶灯2件。通体施绛釉，冰裂纹。其中HM719 : 10，口径9.4、底径9.2、高11.4厘米，盘形灯台，敛口，斜腹，中间凸起似相轮，长柄中有鱼尾状把手，台状圈足（图14-1）。HM719 : 21，口径10.5、底径9、高12.7厘米，圆形灯台，子口，弧腹，长柄中部有鱼尾状把手，台阶状圈足（图14-2）[44]。

这里统计出洛阳地区13座西晋墓共出土釉陶28件，其组合有无系罐组合、有系罐组合、有系罐与无系罐组合，还有盘、耳杯、无系罐组合、双灯组合，器物类型有无系罐、有系罐、盘、耳杯和灯，其中主要为无系罐和有系罐，其他少见。以无系罐居多，有系罐次之，而且值得注意的是所有无系罐的形制相同，所有有系罐的形制相同，这构成了西晋釉陶罐的特征。虽

[42] 河南省文物考古研究所、巩义市文物保管所：《巩义市北窑湾汉晋唐五代墓葬》，《考古学报》1996年第3期。

[43] 洛阳市第二文物工作队：《洛阳谷水晋墓（FM5）发掘简报》，《文物》1997年第9期。

[44] 洛阳市第二文物工作队：《洛阳新发现的两座西晋墓发掘简报》，《文物》2009年第3期。

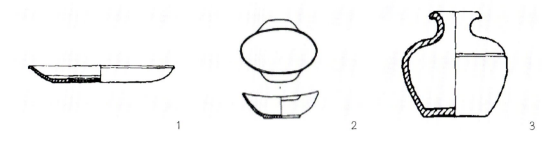

图13 西晋洛阳釉陶盘、耳杯、罐组合

图14 西晋洛阳釉陶灯组合　　　　　图15 西晋关中釉陶

然组合复杂，但器物单一，尤其不见明器和俑类。这些釉陶均出土于洛阳，不见于洛阳以外的河南地区，如南阳地区也有西晋墓，但不见釉陶[45]。

7. 关中地区西晋釉陶

这一时期关中所见釉陶极少，陕西咸阳师专西晋墓出土釉陶盆（师M6∶3），口径8.8、底径3.6、高3.8厘米（图15），绿釉陶，原报告标年西晋时期[46]，这种盆明显是东汉魏晋风格的延续。

8. 南京地区西晋釉陶

南京地区的釉陶有一定的数量，分为西晋和东晋时期，把东晋早期或可能为西晋时期的含釉陶墓葬纳入，共有5座墓葬。

江苏宜兴西晋元康七年（297年）周处墓出土釉陶小罐（图16-1），"在前后室中之间的过道中，我们发现有一只暗红色釉色的小陶罐，它的形式与制作和晋代青瓷绝不相同，估计是盗墓者带进去点灯的工具"。原报告认为是盗墓者携入，夏鼐先生跋此物"或许是赐葬时由

[45] 张卓远：《南阳魏晋墓葬》，《华夏考古》1998年第1期。

[46] 咸阳市文物考古研究所：《咸阳十六国墓》，文物出版社，2006年，第22页，图版82；咸阳市文物考古研究所：《咸阳师专西晋北朝墓清理报告》，《文博》1998年第6期。

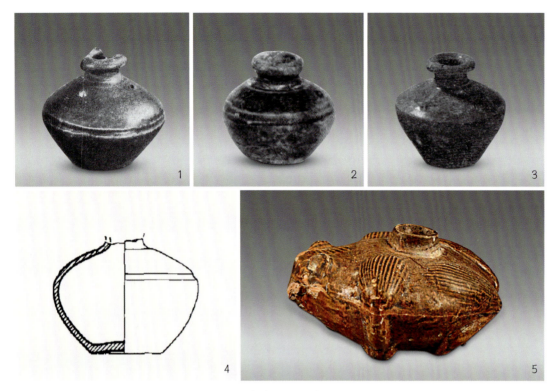

图16　南京地区西晋釉陶

洛阳送去的，可能是盛有贵重的液体如香料之类"[47]。夏鼐先生以为是原墓葬品。南京象山7号墓王廙墓永昌元年（322年）小釉陶罐，口径1、高3.9厘米，酱色釉，口沿外卷，宽肩，平底（图16-2），该墓还出土青瓷鸡首壶。在7号墓中出土了罕见的2件直桶形刻纹玻璃杯和一枚镶金刚石的金指环[48]。南京东晋早期的温峤墓釉陶罐（M9：27），口部残，鼓腹，肩腹部有一圈凹槽，凹底，表面施褐黄釉。底径3、残高4.3厘米（图16-3）[49]。南京仙鹤观M6釉陶罐（M6：105），褐釉红胎，口径1.5、底径1.8、高3厘米（图16-4），原报告为东晋早期[50]。江苏邳州煎药庙西晋墓出土釉蟾形砚滴（M9二次墓道：5），长8、宽7、高4.4厘米。蟾形，口有圆孔，背部有一竖直圆短管，折腹，腹部贴塑四肢。器表施酱黄釉（图16-5）[51]。

　　南京象山7号东晋永昌元年（322年）王廙墓釉陶罐的釉色、形制、大小均与洛阳、山东地区的西晋同型罐相同。虽然该罐所在墓葬为东晋永昌元年，但是不排除该罐是随主人南迁到江苏的可能，所以列入西晋时期。江苏邳州煎药庙9座西晋墓出土27件釉陶，经过比对，笔者经确认1件釉蟾形砚滴（M9二次墓道：5）为与北方相同的釉陶，理由是该砚滴为酱黄釉深

[47] 罗宗真：《江苏宜兴晋墓发掘报告——兼论出土的青瓷器》，《考古学报》1957年第4期；夏鼐：《跋江苏宜兴晋墓发掘报告》，《考古学报》1957年第4期。

[48] 南京市博物馆：《南京象山五号、六号、七号墓清理简报》，《文物》1972年第11期。

[49] 南京市博物馆：《南京北郊东晋温峤墓》，《文物》2002年第7期。关于墓主参见韦正：《南京东晋温峤家族墓地的墓主问题》，《考古》2010年第9期。

[50] 南京市博物馆：《江苏南京仙鹤观东晋墓》，《文物》2001年第3期。

[51] 马永强、程卫、许定富：《江苏邳州煎药庙西晋墓地发掘》，《考古学报》2019年第2期。

红，有片状剥釉现象，胎为砖红。与此相同的1件蟾形砚滴（M8：8），釉色明显为黑色，头部较小，贴花线条疲软，口部高领较低。两者相似而不同。有1件酱红釉罐（M5：8），釉色土红，胎色铁红，而且明显垂釉，完全不与同期北方釉陶相同。所以其他原报告所谓釉陶当不纳入此次讨论范围。

南京地区墓葬的釉陶特征是大量的无系小罐，这完全是洛阳传统的继续。

二、西晋釉陶的历史定位

西晋时期的釉陶与三国比较，可以说是大量增加，其表现不仅是区域上的扩大，也表现在墓葬数量的增加和釉陶类型及其数量的增多。从文化元素上看，釉陶既有对前期的继承，也有明显的西晋特色，釉陶的基本面貌也有明显改进。为了对西晋釉陶各个区域与器物组合和器物的关系做比较，笔者特别列出西晋釉陶类型与区域分布的关系表（表1）。在此基础上，讨论相关问题。

表1　西晋釉陶类型与区域分布的关系表

	地区	嘉峪关	关中	洛阳	山西	山东	北京	辽宁	南京	合计
	墓葬数量	3墓	1墓	16墓	4墓、1遗址	4墓	5墓	9墓	5墓	47墓、1遗址
日用器	无系罐	3		11	2	13	2	1	4	36
	两系罐	1		3	1	1	1	4		11
	三系罐			6				1		7
	四系罐			1	1			4		6
	广口罐						1			1
	盆		1		1		2			4
	盘			2			2			4
	樽					1	2			3
	扁壶						1			1
	灯			2			1			3
	砚滴			1	1	2			1	5
	耳杯			2			1			3
	香熏						1			1
	槅					1	2			3
	勺					1	3			4
俑	动物					1				1
	人物						4			4
明器	灶						3			3
	房屋模型						1			1
合计		4	1	28	6	21	26	10	5	101

1. 西晋釉陶的分布区域及特色

根据目前资料西晋釉陶出土于47座墓和1个遗址，共计101件，关中1墓1件、洛阳16墓28件、北京5墓26件、辽宁9墓10件、山西4墓及1遗址6件、山东4墓21件、嘉峪关3墓4件、南京5墓5件。

在墓葬内的组合有单系罐、多系罐，还有与榼、樽、扁壶、耳杯、盘、灯和明器灶的组合，以及和俑的组合。这种组合主要在北京、山东比较完善，洛阳不够完善。这里的原因可能是西晋依然实行薄葬政策，而洛阳都城控制严格，北京这些相对偏远的地区则相对宽松。西晋时期未见釉陶动物，而北京地区釉陶多见罐、樽、榼、灶和人物俑，大多为汉代器物的延续。西晋釉陶器物类型中，看似复杂，实际上器物比较单一，如在所见8个地区中，都有一类两系罐、三系罐、四系罐等，均为直领直口、鼓腹、平底，是西晋时期普遍流行的器型。还有就是无系罐，在嘉峪关、辽宁、北京、山西、洛阳、江苏所见均相同，侈口、圆唇、鼓肩、平底，从类型上完全属于一型，构成西晋具有特征的一类器物。另外在一些地区出现个性化器物，如洛阳的带柄釉陶灯，山东、南京、山西的狮形砚滴。釉陶类绝大多数为器物，极少量俑类，仅见武士俑。

西晋釉陶在洛阳、北京出土数量大，器物种类比较完善，其次是山东，其他区域较少。洛阳是西晋王朝京都所在，皇室、王公贵族聚集，所以釉陶居多。北京是几任燕王所在，也是范阳士族所在区域，而范阳士族在晋朝的地位影响都很高，有著名的张华、祖逖、卢钦、刘沈等；另外北京是中原与当时西晋王朝的重大威胁自称鲜卑大单于的慕容廆占据的大棘城之间的枢纽，军事地位举足轻重。而山东地区在西晋时期也是士族云集之地，有琅琊王氏、清河崔氏等。所以釉陶的出现有其背景。

从釉陶的使用者来看，唯一所知墓主刘宝本人属于安北大将军或者关内侯，属于贵族和高级官员。还可以看到的是，山东临沂洗砚池西晋太康十年（289年）墓M1、M2同时出土大量精美青瓷器，北京房山小十三里村、石景山、西郊晋王坟等地西晋墓出土较多釉陶器，同时晋阳古城也属于贵族云集的区域，这些信息显示釉陶均出现于比较重要的墓葬或地点，一定是贵族所拥有的珍贵物质品种。

2. 西晋釉陶的类型比较

（1）釉陶组合特色

西晋釉陶器物有三种组合：日用器、俑和明器。其中主要是日用器15类，俑2类，明器2类，可见日用器是西晋釉陶的主要类型，俑和明器是辅助类型。西晋釉陶主要为器物，只有北京、山东有釉陶俑和少量明器。俑均为武士，不见于其他类型。

（2）釉陶类型的数量比较

西晋釉陶的器物类型有15类，其中主要为罐类，共计61件之多，其他有砚滴、盆、盘、勺、樽、灯、耳杯、榼，还有少量扁壶、香熏等。俑类器物两类，其中以人物居多，多为武士俑，动物俑只有1件老鼠。明器类共有两类，其中灶比较多见，房屋模型仅见1件。不见碗类釉陶器物。

（3）釉陶主要类型

罐类器物是西晋釉陶主要器类。无系罐36件，两系罐11件，三系罐7件，四系罐6件，其中又以无系罐居多，这里可以看出罐类构成西晋釉陶的主要特色，而无系罐构成罐类的主要特色。双系罐还见于博物馆的收藏，如河南大象陶瓷博物馆收藏一件精美的褐黄釉小罐[52]。谢明良先生早年已经注意到了这一问题，曾经有专文讨论[53]。西晋釉陶罐类具有明显的时代特征，主要特征是鼓肩，又可以根据口部、颈部分为侈口、微侈口、直口、平沿四类（见表2），这类罐最高者12厘米，最小者3厘米，尤其是无系小罐一般高4厘米左右。关于这类釉陶罐的用途，山东邹城西晋永康二年（301年）刘宝墓出土了日用器、文房器、熏香器乃至化妆器，引人注目的是相同的4个罐出土于东耳室漆奁内（内还有铁镜一面），分别装有红色、黑色和银白色粉末。洛阳孟津朱仓西晋墓出土釉陶罐M64：6内盛红漆状物。江苏宜兴西晋元康七年（297年）周处墓出土釉陶小罐，夏鼐先生认为"或许是赐葬时由洛阳送去的，可能是盛有贵重的液体如香料之类"[54]。而沈阳市东郊伯官屯魏晋墓M5的1件黄褐色满釉陶双耳小罐与1件铜镜、漆盒出于1件漆奁内。这些信息使得我们考虑到这些小罐是盛装贵重液体或者粉末的容器，而且是被珍重保存的器物。釉陶罐和釉陶盆还出土于山西太原晋阳宫遗址。这些现象均说明釉陶在西晋时期是一种实用器，而且是一种珍贵器物。

表2　西晋釉陶罐类型表

		无系	双系	三系	四系
侈口	侈口	山东临沂洗砚池西晋太康十年（289年）墓M1西内：15	晋阳古城2号建筑遗址		
	微侈口	洛阳偃师华润电厂西晋墓M74：1			
	直口	山东临沂洗砚池西晋太康十年（289年）墓M1西：34	山东临沂洗砚池西晋太康十年（289年）墓M1东：15	洛阳偃师华润电厂西晋墓M29：1	太原市尖草坪西晋墓T2000TGXJM19
	平沿	山东临沂洗砚池西晋太康十年（289年）墓M1东：19			

[52] 承蒙河南大象陶瓷博物馆何飞馆长提供信息。

[53] 谢明良：《记晋墓出土的所谓绛色釉小罐》，《故宫文物月刊》1991年第5期。

[54] 罗宗真：《江苏宜兴晋墓发掘报告——兼论出土的青瓷器》，《考古学报》1957年第4期；夏鼐：《跋江苏宜兴晋墓发掘报告》，《考古学报》1957年第4期。

狮形砚滴也比较多见，构成西晋釉陶的重要特色。相同釉陶狮子还见于瑞士玫茵堂所藏[55]。铜质狮子还见于河南焦作市博物馆所藏，而且背部的圆孔内还插有一个柱状塞子[56]。明器类灶的持续出现也是西晋北京地区釉陶的特色。

3. 西晋釉陶的文化元素分析

（1）继承元素

西晋釉陶的三个组合中，连枝灯、俑中的武士俑、明器中的灶和房屋类型是东汉传统的延续。其中直领罐在安阳西高穴大墓（曹操墓）中也有出现，说明西晋继承了三国魏的元素。

（2）西晋特色元素

西晋特色的元素主要表现在无系罐上，大多为侈口、鼓肩、收腹、平底，肩部有旋纹，是新出现的器物形制。西晋器物基本没有见到外来影响。

4. 西晋釉陶面貌特征

（1）釉色

西晋釉陶的釉色主要以酱黄色为主，绿釉为辅，黑釉少量。酱黄釉的釉色大致分为三类：泛黄色见于山东，泛红色见于山西、洛阳，泛褐色见于洛阳、山西、北京、辽宁、南京，其中部分有黑色杂点。绿釉见于山东，黑釉见于山东和嘉峪关。与东汉釉陶相比，釉质较薄，部分有开片，积釉、垂流现象较少。釉光比较明亮，哑光较少。装饰较少，基本为素面。

（2）胎质

胎质普遍较为细腻，普遍呈砖红色。

（3）工艺

工艺上主要在两个方面。一方面是成型技术，器物，罐、盘、盆、樽类为拉坯成型，系部为捏制成型，俑类以捏塑为主。矩形器包括灶、榻为片状组合。另一方面是烧制技术，可见罐类均为平底，通体施釉，底有三支钉痕。

由于这一时期没有釉陶窑的发现，对于其生产窑口，无法判断。但笔者认为至少在洛阳、北京、山东、辽宁这四个出土数量较大的地区，应该有其本地窑址的生产，其中重要的依据还有这些釉陶器物与当地的陶器形制一般相同，而且事实上各地的釉陶技术，对周边区域也产生了影响。

5. 西晋釉陶对后期影响的趋势

（1）区域分布走向

西晋釉陶在区域上主要见于洛阳、北京、山东和辽宁地区，而在十六国时期釉陶主要见于关中和辽宁地区及高句丽地区，东晋的建康仍有发现，其他地区基本不见。这一地域走向反映在晋室南迁后，洛阳的釉陶技术西向后赵、前秦、后秦的关中地区移动，而北京和辽宁地区的釉陶合并在辽宁前燕、后燕、北燕的龙城地区持续存在，再向东在吉林集安的高句丽地区继续发展。山东地区的釉陶直接影响到建康地区。

---

[55] Regina Krahl. *Chinese Ceramics from the Meiyintang Collection: v.1.* London: The British Museum, 1994, p129.

[56] 见焦作市博物馆网站。

（2）类型和组合走向

西晋以器物为主的釉陶组合也成为主要是十六国时期的特色。

（3）文化元素走向

西晋釉陶主要是东汉的持续和西晋本身的特色，这一特色在十六国时期得以继承。

（4）面貌走向

西晋釉陶面貌，如釉色、釉质、釉光、胎质、工艺在十六国时期得以延续，釉陶也基本为素面，没有装饰。

由于釉陶与陶器在形制上基本相同，往往在器物类型上表现出趋同性，也就是釉陶与陶器的文化面貌相同，但是釉陶作为一种技术又呈现出独立的发展趋势和特征，并提升了器物的贵重程度。作为一种技术运用和奢侈品，西晋釉陶在区域上范围比较大，数量和类型上比较多，质量上也有明显进步，是三国到十六国之间的一个高潮，是东汉之后又一次统一王朝的产物，这同时是"晋制"的反映。然而，西晋釉陶朴素无装饰、少陶俑的特点也体现了西晋继续执行的薄葬政策。西晋釉陶在发展走向上主要是向十六国时期的关中、东北和建康移动。北魏统一北方，釉陶在东北亚地区和中原地区发展出两条线索：一条是向东北亚移动，引出高句丽釉陶，并可能引发新罗釉陶；另一条是关中向北方发展，引出平城釉陶的高峰。随着北魏的迁都洛阳，北朝晚期釉陶取得了新的突破，这就是邺城、安阳、太原、西安地区在北朝晚期的成就[57]，又进而引发唐代巩县、西安、邢窑三彩的繁荣。

---

[57] 小林仁、刘晶晶：《北齐铅釉器的定位和意义》，《故宫博物院院刊》2012 年第 5 期；曾裕洲：《十六国北朝铅釉陶研究》，台北艺术大学学位论文，2014 年；邱宁斌：《邺城、晋阳地区东魏北齐墓出土铅釉器研究》，《美成在久》2019 年第 5 期；陈斯雅：《北朝后期釉陶器的研究——以邺城和晋阳的出土品为例》，《中国考古学》第二十一号，日本中国考古学会，2021 年，第 135 ～ 147 页；金智铉：《北齐复色釉陶初论》，《边疆考古研究》第 22 辑，科学出版社，2018 年。需要指出的是：上述文章没有注意到北朝晚期关中釉陶的存在，虽然只是少量，但是酝酿了关中隋到唐代三彩的发展。

唐三彩釉陶的再认识

何飞

陶瓷是中华文明最具代表性的器物之一，其产生和发展伴随着整个中华文明的发展进程，成为人们了解和探索古代人民群众生产生活、经济文化与历史进程的主要遗存。在历代各具特色的陶、瓷器产品中，唐三彩作为釉陶发展到最高水平的产物，凭借丰富的色彩、多样的造型、莹润厚重的釉色独树一帜、驰名中外。

唐三彩是用白色黏土做胎，施以含有铅的低温釉，釉中使用铁、铜、锰、钴等多种金属作呈色剂，经800℃左右低温烧制而成。唐三彩器最早被大量发现，是在20世纪初陇海铁路修建时洛阳段北邙山施工中，出土了为数众多且从未见过的彩釉陶器，因其浑厚张扬的造型、斑斓绮丽的颜色搭配而声名鹊起，引起了学者和社会人士的关注，并谓之"唐三彩"。

关于唐三彩釉陶的用途，很长一段时间内人们普遍认为是作为明器随葬使用。随着考古发掘资料的不断丰富，也发现了生活用器、宗教供器、随葬明器、建筑构件等各类唐三彩釉陶器。由此笔者认为，唐三彩器物的主要用途有三类：明器、实用器和陈设器。本文即根据现有考古发掘资料及专家学者的研究，梳理唐三彩器物的大致类别和用途，探索其所蕴含的中华优秀传统陶瓷文化。

一、明器类：唐代盛行厚葬制度的产物

历史发展到唐代，经济的繁荣发展使得人们有了考虑亲人以及自身"身后事"的物质基础，将现实生活中所见的各类器具，制成陶质模型随葬，以保证墓主在死后亦能享受到生前的荣华富贵。

同时，厚葬之风与当时的律法也不无关系。《唐律疏议·十恶》中记载的十恶之罪，其中"不孝"和丧葬礼仪有关。触犯"不孝"这一条罪的人，大多都没有遵守丧葬礼仪。唐人在丧葬礼仪方面格外注重，逐步形成了"以厚葬为奉终，以高坟为行孝"的厚葬风气。

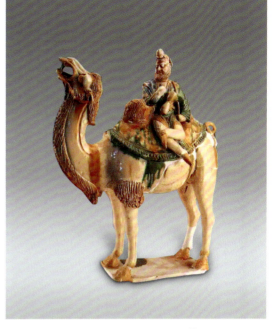

图1　三彩天王俑[1]　　　　　　图2　骑骆奏乐胡人俑[2]

《旧唐书》记载："近者王公百官竞为厚葬，偶人像马雕饰如生，徒以眩耀路人，本不因心致礼。更相扇慕，破产倾资，风俗流行，遂下兼士庶，若无禁制，奢侈日增。望请王公已下，送葬明器，皆依令式，并陈于墓所，不得衢路䢍行。"

对此，唐太宗也曾颁布《戒厚葬诏》，下令禁止厚葬，要求所有臣民养成薄葬的习惯，试图抑制攀比的厚葬风气。

唐代政府对不同阶级的墓葬用具有了明确的规定，《唐六典·甄官署》中说："凡丧葬，则供其明器之属。别敕葬者供，余并私备。三品以上九十事，五品以上六十事，九品以上四十事。当圹、当野、祖明、地轴、诞马、偶人，其高各1尺；其余音声队与僮仆之属，威仪服玩，各视生之品秩所有，以瓦木为之，其长率7寸。"

在这一历史背景下，唐三彩被大量用作随葬明器。《中国陶瓷史·唐代的三彩陶器和陶瓷雕塑》[3]一节中说："用作明器的三彩陶器，凡是与死者在世时生活有关的如建筑、家具、牲畜和人物等无不具备。可以说是包罗万象，远比唐代任何手工业艺术部门的产品丰富。"

明器类唐三彩以人物俑和动物俑塑造最为成功。人物俑中有天王（图1）、武士、文吏、贵妇、仪仗、乐舞、胡人（图2）和男女侍俑等，动物俑包括马、骆驼、牛、羊、狗、鸡、鸭等。尤以马、骆驼和人物造型逼真，形神兼备，具有极高的艺术效果和视觉冲击力。

---

[1] 陈安利主编：《中华国宝：陕西珍贵文物集成·唐三彩卷》，陕西人民出版社，1998年，第35页。

[2] 昭陵博物馆：《唐代胡俑展》，文物出版社，2008年，第153页。

[3] 中国硅酸盐学会：《中国陶瓷史》，文物出版社，1982年，第262页。

天王俑常与祖明、地轴（镇墓兽）一起摆放在墓门之后，成对出现，左右各一，主要目的是镇恶驱邪。唐代天王俑造型多与当时流行的袄教、佛教中护法天神（天王）形象契合，也是现实中将军和勇士相貌的客观摹写。

骑马鼓吹俑属于仪仗俑的一种，又称骑马奏乐俑或鼓吹仪仗俑，不仅是唐代高等级墓葬中重要的随葬品，也是墓主身份殊荣、官品等级的标志。唐人墓中随葬的各类家禽和家畜俑，象征主人生前富足生活。

在唐代的城市中，有专门售卖丧葬用品乃至提供丧葬服务一条龙的店铺，名曰凶肆。

唐代"凶肆"，即出售、租赁丧葬用品、提供丧葬服务的店铺或同类店铺聚集之处。凶肆向丧葬之家出售棺椁葬具、随葬明器及其他一次性丧葬用品。墓葬中除了随葬墓主人生前使用的物品外，还随葬数量和尺寸不等的明器，如天王俑、人物俑、模型明器等。唐代还有负责丧葬品器物制造的官署。其中左校署主管棺椁等木质葬具和明器，甄官署主管石、陶质的石刻和随葬陶器、陶俑等[4]。

二、实用器类：美观又实用的生活用品

从中原一带出土的三彩器物看，可以判断当时的生产量极大。从传世或出土的三彩罐、壶、灯、盘、碗之类的实物观察，这些器物不但美观而且实用。"三彩陶器的主要成就，不仅在于突破了以往单色釉的局限，运用多种釉色和手法取得了华丽动人的艺术效果，还在于以其熟练的技巧，继承并发展了传统的造型和特长，运用写实和浪漫主义的形象，独具一格地改变了过去陶器的单调、粗糙、呆板的印象，从而在技术和艺术上都使我国的陶器生产提高了一大步。"[5]

1960年前后在洛阳唐东都的皇城、宫城以及西安唐长安城的西市遗址内，都曾发现过大量的唐三彩陶片，充分说明它也是当时的生活用具。生活用具主要有碗、盘、杯、钵、洗、壶、罐、枕、烛台等[6]。

洛阳唐东都履道坊白居易故居遗址的出土器物，更能说明唐三彩的实用性质。白居易晚年大部分时间在洛阳履道坊居住，846年病逝后葬于洛阳香山。1992年，中国社会科学院考古研究所洛阳城队对履道坊白居易宅院遗址进行了大规模的考古勘察和发掘，"南园"出土的残石经幢，题记部分有"开国男白居易造此佛顶尊胜大悲心陀罗尼"文字，这为白居易宅院的归属和时代提供了直接文字证据。在白居易住宅遗址当中，出土了大量的唐代文物，从材质来分，有陶器、瓷器、铜器、铁器、骨器等，令人意外的是，还出土有唐三彩壶、罐、碗、盘、盂、杯等100多件（图3～图5）。这些唐三彩有一部分是玩具，如小马、小兔俑，体量都很小，和墓中随葬的三彩俑完全不同。其他的大多为容器，容器的种类有壶、罐、盘、碗等，都是日常用具。与这些三彩器同时出土的，还有大量瓷器，同样包括一些小型的瓷俑和茶具、

[4] 崔世平：《唐五代时期的凶肆与丧葬行业组织考论》，《暨南史学》第8辑，广西师范大学出版社，2013年，第107～119页。

[5] 叶喆民：《中国陶瓷史》，生活·读书·新知三联书店，2006年，第431页。

[6] 中国社会科学院考古研究所：《隋唐洛阳城：1959—2001年考古发掘报告》，文物出版社，2014年。

酒具等日用器具，系实用器无疑。由此表明，唐三彩日常生活用器，不仅受到一般平民欢迎，也得到皇室和官吏阶层的青睐[7]。

白居易故宅遗址的发现并不是孤例，在陕西省西安市唐大明宫遗址、河南省隋唐洛阳城遗址和江苏省扬州市城市遗址均有出土。这些珍贵的考古材料，大大丰富了我们对于唐三彩的认知。看来，唐三彩除了墓中放的那些专用的随葬明器，在现实生活中也曾经被使用。

除了生活用具，唐三彩还被设计为建筑用品。叶喆民先生在《独树一帜的唐三彩陶器》[8]中记录，"耀州窑三彩器的样式很多……在窑址出土的唐三彩器中，有一件十分少见的龙头套饰（图6）。龙头施棕、黄、绿三色，集雕塑、刻划等装饰手法于一身，巨大的体形尽显富丽堂皇的气派。在龙头后部有一个中空的长方形似铆眼，左右两端有穿孔，一些建筑专家认为它属于建筑构件，是用作建筑挑檐等部位的套饰"，"在耀州窑三彩作坊中还发现了唐代琉璃瓦、三彩瓦、三彩莲花纹瓦当等"。

图3 三彩盘[9]

图4 三彩盘[10]

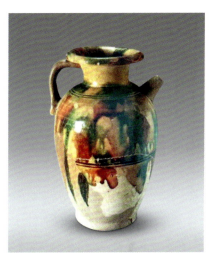

图5 三彩执壶[11]

图6 三彩龙头套饰[12]

[7] 赵孟林：《洛阳唐东都履道坊白居易故居发掘简报》，《考古》1994年第8期。
[8] 叶喆民：《中国陶瓷史》，生活·读书·新知三联书店，2006年，第432页。
[9] 郑州市文物考古研究所：《河南唐三彩与唐青花》，科学出版社，2006年，第155页。
[10] 郑州市文物考古研究所：《河南唐三彩与唐青花》，科学出版社，2006年，第154页。
[11] 郑州市文物考古研究所：《河南唐三彩与唐青花》，科学出版社，2006年，第151页。
[12] 陕西省考古研究所：《唐代黄堡窑址》，文物出版社，1992年，第117页。

三、陈设器类：具有供奉观赏等用途

据《信息时报》报道，2018年11月，"煌煌·巨唐——七至九世纪的唐代物质与器用"展在深圳博物馆举行，其中一件唐三彩展品凭借着自身的特点，在众展品中"C位"出道成为"网红"，它就是唐三彩山子。其造型体现了唐人对山石审美的高度；其釉色因带有稀有蓝彩而珍贵。仔细观察，还能发现这件山子的背面有许多插孔，主办方负责人阎焰根据法门寺地宫经函外壁的类似构造推测，这些插孔是原来用以插金属或竹木、通草等制成的树木花鸟，由此可见这件唐三彩山子完全是欣赏性的。故宫博物院也有三彩山子（图7）。

1953年河南省洛阳市龙门香山唐墓出土了一只三彩长颈瓶（图8）。南北朝时期佛教盛行，开始出现造型优美、专供插花礼佛的长颈瓶，时称为"罂"。初唐长乐公主墓壁画上，有一位双手捧长颈瓶的侍女，瓶口露出莲蓬、莲花各一枝，可见唐代这种长颈瓶也多用于居室陈设。

佛寺遗址也是发现唐三彩数量比较多的地点。在陕西省临潼庆山寺舍利塔地宫遗址中，出土了6件三彩器，其中三彩盘3件、三彩南瓜1件、护法狮子2件，刷新了以前人们对于唐三彩的认识。3件三彩盘就摆放在舍利宝帐前，中间的三彩南瓜，显然属于供奉性质（图9）。2件三彩狮子则分居石门两边，似在守护佛祖舍利。它们不具备实用性质，可见也是具有观赏供奉性质的陈设器[13]。

唐三彩烧制始于初唐，兴盛于武则天与唐玄宗开元年间，安史之乱后逐渐衰落。目前，全国发现的唐三彩窑址已有10处，其中唐长安醴泉坊窑和唐长安东市窑以烧制大中型唐三彩俑类

图7　故宫博物院藏三彩山子

图8　三彩长颈瓶[14]

---

[13] 赵康民：《临潼唐庆山寺舍利塔基精室清理记》，《文博》1985年第5期。

[14] 陕西省考古研究院、乾陵博物馆：《唐懿德太子墓发掘报告》，科学出版社，2016年，图版三一二。

图9　三彩供器[15]

器为主，巩义窑、黄堡窑和内丘邢窑以烧制生活用具为主，大型俑类器发现较少。其他唐三彩窑址仅烧造生活用具。

从已知考古资料上看，目前发现唐三彩的国家和地区，主要集中在陆上丝绸之路沿线和海上交通线路所经过的区域。唐三彩不仅在朝鲜、日本、中亚、埃及有过发现，而且在当时受到了很多国家和地区的模仿，比如朝鲜地区的"新罗三彩"、中亚地区的"波斯三彩"、日本的"奈良三彩"等。绚丽灿烂的唐三彩也成为中华文明传播的历史见证。由此更证明了唐三彩器用的多种用途。

---

[15] 陈安利主编：《中华国宝：陕西珍贵文物集成：唐三彩卷》，陕西人民出版社，1998年，第79页。

后记

　　战国晚期，铅釉陶器在我国出现，历经两汉、魏晋、北朝、隋唐，在今天仍有很大的影响，是中国古代传统文化的重要内容，是中华民族源远流长的重要物证。

　　釉陶的产生丰富了陶器的装饰技法，是我国陶瓷发展史上一项重要的成果。原以彩绘为主的局面渐渐被各色的釉所取代，再加上模印等手法的运用，形成了非常丰富的装饰效果。唐代，人们创造出了斑斓丰富的三彩釉，将中国釉陶艺术推向了新的高峰。

　　釉陶的兴起与衰落不仅与技术进步有关，也与社会发展有着密切的关系。汉初，社会经济快速发展，又"以孝治天下"，在事死上极尽财力，社会需求增多，使釉陶技术发展；东汉末年以后，社会动荡，战乱频繁，加之瘟疫、干旱、洪涝，作为釉陶重要产地的中原地区遭到了严重破坏，这一时期的釉陶器生产下降，种类和数量都明显变少，但为未来的传承发展积累了技术。至于唐代，随着社会经济繁荣，铅釉技术日趋完善并得到蓬勃发展，创造出了举世瞩目的唐三彩。

　　"以史为镜，可以知兴替。""以物为史，可以见证时代的兴衰与荣辱。"让我们常怀远虑、居安思危、埋头苦干、勇毅前行，围绕学习贯彻习近平文化思想，肩负博物馆文化使命，通力合作，更好地惠及当代社会，为实现中华民族伟大复兴的中国梦而努力奋斗！